だいわ文庫

アイディアを10倍生む

考える力

齋藤 孝

大和書房

まえがき

「考える」とは「チョウのように舞い、ハチのように刺す」ことである

「考えるとは何か」と問われたら、

「チョウのように舞い、ハチのように刺す」

これが私にとって究極の答えである。

この言葉は、ボクシング世界ヘビー級チャンピオンであったモハメド・アリのものだ。彼は華麗《かれい》なフットワークを使い、相手から打たれず、チャンスとみるやハチのように鋭いパンチを放ち、相手にダメージを与えていった。その「打たれずに打つ」という自らの華麗なボクシングスタイルをキャッチフレーズにしたのが、この言葉なのだ。

「考える」ということにおいても、まずはチョウが舞うようにどんどん連想を広げて

いくことが必要だ。そこから思わぬ発想が生まれてアイディアに結実していく。

「チョウのように舞う」というイメージがあれば、考えること自体が楽しくなる。たとえば、チョウが舞うように人と対話することからアイディアが生まれることは多い。

ただし、軽やかなおしゃべりをするだけでは何も生まれない。そこで得られた発想をまとめあげる作業を通じて、「考える」行為にしまりが出てくる。

エネルギーを凝縮し、必要な場所に必要なアイディアを提供することが、「ハチのように刺す」である。私たちは、結果の出ない漠然とした「考える作業」をしてしまいがちだが、本当の目的はハチのように刺す——つまりアイディアを出すことなのだ。

「考える」ことは爽快なスポーツである

日本人はテストなどで、「自由記述方式」になるととたんに「頭が真っ白」になってしまう傾向がある。これは、考えることを苦痛に感じているからだ。しかし、考えることは本来、運動やスポーツをしたときのような、爽快《そうかい》感を伴う行為であることを知ってほしい。

これが実感できるシーンは、私の場合は人との対話である。対話の中で「つながらなかったものがつながる快感」に出会うことがある。話すことで、それまで自分でも気づかなかったことに、気づいていく。これが面白い。「つながらなかったものがつながる快感」に目覚めると、次にまた考えたくなる。自分の身体を喜ばせるために運動するように、自分の脳の中でスパークが起こる喜びを得るために、考えるようになるのだ。

まずは、「考えることは爽快だ」と日々実感することが、考える力をつける早道になる。

「考える」ことは現実を変える

社会的に見れば、考えるとは価値を生み出す作業だ。
商品に付加価値をつける、システムを改善するというようなことは、すべて考えることから生まれている。考えないでできる仕事もあるが、そうした仕事は楽ではあっても発展性がなくてつまらない。私はかつて単調なアルバイトをたくさんやったが、つねに、どうすればもっと効率的にやれるのかを徹底的に考えた。
状況を把握しながら、どう受け答えすれば流れがうまくいくのか、工夫することを楽しむようにしてきた。そうしなければ、アルバイトなどは自分の時間とエネルギーの単なる切り売りになってしまうと思ったからだ。ルーティンな仕事の退屈から脱出する方法は、唯一考えることだけだといってもいいだろう。

考えることは、仕事や人生など目の前の現実に対して有効なアイディアを生む行為である。自分が考えたことが、現実を改善するように使われ、現実をよくする状況を生み出していく。自分が出したアイディアが現実を組み替える。こう思えば、かなりやる気が起きてくる。

私は論文を書くときでも、つねに「新しい概念を出す」ことを目標にした。「〜について調べました」では論文とはいえない。そこから自分はどんな新しい意味、概念、コンセプトを導き出せたのかを論文に表してきた。

「具体的結果を出すように考える」ことが身につくと、世の中で、漠然としか考えない人と、つねに結果を出そうと考えている人とが、はっきり分かれて見えてくる。「ああ、この人は頭を使っているな」という人を自分の周りから見つけて、その頭の使い方を学ぼう。考えるというスポーツで自分よりうまい人を見つけ、モデルにして、上達していくのだ。

私にとっては、天才の伝記が師匠だった。私よりずっと考えることがうまい人たちの技を研究し、こんなふうにして考える力を育てたんだな、と技法を真似《まね》しようとしてきた。ぜひ、みなさんも、考えるということをスポーツと考え、上達の方法を人や本から学ぶ姿勢を持ってほしい。

「考える」ことは身体的習慣である

考えるということはまた、身体的な習慣だともいえる。

アインシュタインは「あなたの研究室はどこですか?」という問いに対して、自分の万年筆を持ち上げて見せたという。私にとっては、赤・青・緑の三色ボールペン(黒の入った四色ボールペンでもいいが、私は黒は使わない)を持って紙に書くということと、考えることがセットになっている。

三色ボールペンを持たずに考えろと言われると、作業効率が五割以上落ちてしまう。私の場合、三色ボールペンが考えを刺激する道具になっているのだ。それは、たとえばテニス選手がラケットを持つとボールを打ちたくなるのに似ているかもしれない。自分が考えるための道具立てを持つとよいだろう。三色ボールペンを持って紙を前にするのでもいいし、パソコンを開いて打ち始めるのでもいい。何度も同じフォームを繰り返して身につけるように、道具を使って、高密度に考えることを身体化するのである。

考えることを高密度化して、すべての人がすさまじくクリエイティブにならなくてはいけない、ということではない。スポーツの楽しさと同じように、考える楽しさを味わう人生があるということを知っていただきたいのである。

それは利益を生む活動だけにいえるのではない。たとえば俳句である。「ああこれが発見だ」と思い、それにふさわしい言葉が見つかったときが、俳句ができた瞬間だといえる。野球でヒットを打ったときのように、言葉がはまった瞬間こそ、俳句におけるヒット感覚といえるだろう。そのとき気持ちはとても爽快なはずだ。

また、世の中で、面白いと感じるものには必ずアイディアが詰まっている。そこには、人が考えるという作業が込められている。何が発見なのか、アイディアなのかを考え続けると、俳句でも、勉強でも、ビジネスでも、「ああ、これが発見か」と見えてくる。

そうした「考える楽しみ」を習慣化してほしい。それが本書の目的である。

本書を読んで、読者の「考える力」に磨きがかかり、考える楽しみを味わう人生が拓《ひら》かれれば、著者としてこれよりうれしいことはない。

齋藤《さいとう》　孝《たかし》

アイディアを10倍生む考える力◉目次

第3章　アイディア力がつく「考える力」

5——「先達の技」を盗む

6——「身体感覚とリンク」させる

第4章　「聞く力」を磨いて「考える力」をつける

1――「聞く力」が「考える力」を支える

第5章 「考える力」をつけるトレーニング

アイディアを10倍生む考える力

第1章　「考える基礎力」をつける

1 「考えるとは何か」を考える

言葉を操り、「意味」を生み出す技術

「考える」といっても、いろいろな段階がある。ぼんやりとして、いろいろな悩み事を思い煩《わずら》っている状態も、ふつうの意味では「考える」ことに入るのだろう。

しかし、本書でいう**「考える」とは、アイディアを生み出す、レポートや原稿を書く、プレゼンテーションをするなど、生産的なことに結びつく脳の作業である。生産的なことに結びつかない「思う」「悩む」状態は、「考える」状態とは違うのだ。**

では、生産的なことに結びつく「考える力」を、どうすれば身につけ、高めることができるのか。本書ではそれを具体的に述べていく。

「考える」作業をまったく進めることができない人がいる。たとえば何かのテーマについて書くという課題を与えられても、原稿用紙やパソコンを前にすると、思考がぱたっと止まってしまう。

本人は「考えなければならない」と思っているにもかかわらず、表現に結びつくことが具体的に考えられない。作業の仕方がまったくわからない。だから、時間を三〇分とっても、一〜二行しか書けない。

もう一方では、何も考えずに、とにかく書きはじめてしまい、いつも話している調子で、自分流の雑談のような文章を仕上げて、それでレポートを書いたつもりの人もいる。

前者は「考えなければならない」とわかってはいるが、肝心の脳が強《こわ》ばって、動きが止まってしまう人であり、後者は頭をフルに回転させて「考える」ことをしないで、しゃべるときと同じ頭の状態で書くことをしてしまう人である。どちらも、本当の意味での「考える」という作業を、ほとんど経験したことがない人たちなのだろう。

「考える」ことには、「言葉を道具として使う技」の側面がある。だから、「言葉を操る」ことに慣れていないと、「考える」ことができない。

たとえば、ピアノは、鍵盤《けんばん》をたたけばだれでも音を出すことはできるが、練習しなければ、音楽を表現することはできない。それと同様に、言葉を話してはいても、「意味」が生み出されていなければ、本当の意味で「考える」とはいえない。なんとなく触って音を出している状態が、「ぼんやり考えている」という状態である。

「考える」とは、基本的には言葉を操り、「意味」を生み出す技術である。ピアノの鍵盤が言葉だとすると、それを操って曲を演奏するように、言葉を自在に操って、きちんと「意味」を表現するのである。

私たちは、母国語を駆使《くし》することによって、はじめて「考える」力を高めることができる。そのためには、子どものころからなじんできた日本語の力をさらにレベルアップする必要がある。

たとえば、スペイン語ができないのに「スペイン語で考えろ」と言われてもできない。バイリンガルの人で、日本語と英語で考えることができるという人もいるだろうが、多少外国語ができるくらいでは、結局、頭の中では日本語で考え、それを外国語に翻訳していることになる。外国語で「考える」レベルとなると、その外国語を自由自在に操ることができないと無理なのだ。

言葉をどれだけ自由に操れるかが、「考える力」を左右するといっていい。つまり、言葉を自由に駆使できるように訓練することが、「考える力」をつけることに結びつくのだ。

「つながりの発見」が考える喜び

それでは、言葉を自由自在に操り、考える力を引き出すためには、どうすればいいのか。

たとえば、あるテーマについて考えなければならないとする。まずは、それに関する本をたくさん読んで情報をインプットしたり、ヒントを探すという方法がある。しかし、目の前に本がない状態で、いま現在の自分の頭だけで勝負するとなったら、どうするか。

まずは、紙にそのテーマから連想されるキーワードをどんどん書いていき、マップのように列挙してみる。つまり、脳が「考える」という作業をしている状態を、目に見える形に表すのである。

次に、その事柄に対して、自分の脳の中に散らばっているいろいろな情報を結びつけていく。この作業こそ、「具体的に考える」ということなのだ。

考えなければならないテーマに沿って、経験知の中からいろいろなものをすくってみる。それらの中で、いろいろと組み合わせを考えてみる。さらに、その組み合わせを替え、新しい組み合わせを生み出すことが、「新しい考えを生み出す」ということなのだ。

それまでに得た知識をそのまま再生して話すだけならば、「考える力」はそれほど必要ではない。たとえ高度な内容を話していても、「考えているか」というと、そうとはいえない。

逆に、沈黙しているから考えていないということでもない。沈黙しているときでも、話しているときでも「考える」ということは起こり得る。

アイディアを生み出す「考える」という作業には、新しい視点、新たな切り口でものを見ることが求められる。

まず、切り口を意識して、自分の脳の中にある全情報を洗いざらい取り出してみよう。いったん「全部取り出す」ことが重要である。それらを「切り口」というフィルターでふるいにかけ、残ったものをつなぎ合わせる作業をする。それまで考えたことのない切り口であれば、新しいキーワードの組み合わせが三つ四つ出てくるはずだ。

それまでは、頭の中でバラバラに存在してまったくつながらなかったいくつかのキーワードが、ある切り口で見たとき、領域を超えて、浮かび上がってくる。そのキーワードが次の思考へのヒントになる。

そこで出てきたキーワードは、あるテーマに沿って、自分の頭の中からすくい出されたものだから、そこには必ず何かしらのつながりがある。

ただし、その関係がすぐに見えてくるとは限らない。むしろ「これがどうして出てきたのだろうか？」と追求していくことで、「あぁ……、これがつながっているんだ」「これとこれはこういう視点で同じだったんだ」と確認できる。

一度新しい切り口で切ってみる。その断面に現れた別々のものをつないで次に文脈をつくっていくという作業である。

すると、自分でも意識していなかった「意味のつながり」が見えてくる。

つながりを発見する作業こそ「考える」ことの喜びである。

「なんとなく考える」のをやめて、自分の脳の中にあることを文字や図で書いてみる。

そうすれば、脳の中のネットワークが目に見える形で紙の上に現れる。

私たちの脳細胞は、複雑に絡み合っている。「脳の働きがいい」とは、脳の中で神経細胞（ニューロン）から別の神経細胞へと情報が活発に伝わってつながっていく状態である。

キーワードを書き出し、つながりを探すということは、脳のつながりを自ら意識して活発にしてやるということだ。

それまでまったくつながっていないように思えていたものがつながっていくのは、快感である。それが「考える」喜びであり、結果として「意味」を生み出すのだ。

言葉はもともと、とてもつなぎやすいようにできている。なぜなら動詞であっても名詞であっても、たいていは変化させることができるからだ。

たとえば「動く」という動詞は「動き」という名詞になる。文法的に多少無理があっても「動き感覚」「動き率」というように、いろいろな形に変化させることもできる。この特質を「考える」ときに使わない手はない。

考える力のある人は、「造語」が得意である。言葉をうまく変化させ、言葉同士をいろいろな形でつなぎ合わせれば造語ができる。その組み合わせを、レゴブロックのようにいろいろ考えてみよう。

アイディアのもとになるヒントは、こうした作業を通じて見つけ出すことができる。

ビジネスの現場で膨大な情報をまとめる際に使われるKJ法なども、考えるための道具の一つだ。ある課題について、小さなカードに、関係しそうなものであれば、何でもいいから書き出していく。

それを目の前にすべて並べ、グループになりそうなものごとに分けていく。

さらにそれを、このグループとこのグループは一緒になる、このグループは分解して、それぞれ別のグループに入れる、という作業をしていくことで、問題の中心や、優先順位などが見えてくるという方法だ。

頭の中にあることを書き出すマッピング（図化）

は、「考える」作業には欠かせない。

「制限」することで進む思考

漠然と「考える」だけでは、思考がどんどん拡散してしまう。「よく考えろ」と言われれば言われるほど、気が散るような状態になってしまう。

これは、「考える」方向性が与えられていないからだ。思考の方向性は、じつは制限を設けることでもたらされる。それによって、思考そのものは制限されることなく、むしろ豊かになっていく。

そのいい例として、『DEATH NOTE デスノート』（原作・大場つぐみ／漫画・小畑健／集英社）というコミック作品がある。「デスノート」とは、死神が持っているノートで、これに名前を書かれた人間は死ぬ、というものだ。このノートを主人公の天才少年・夜神月《やがみライト》が使って、世の中を変えようとする物語だ。

荒唐無稽《こうとうむけい》な設定なのだが、作品は非常に面白く、優れたもので、累計二五〇〇万部以上も売れ、映画化されるほどの人気を得た。

作品を面白くしているのが、このノートに設けられている厳密ないくつものルール、

つまり制限である。たとえば、

●このノートに名前を書かれた人間は死ぬ。

●書く人物の顔が頭に入っていないと効果はない。ゆえに同姓同名の人物に一度に効果は得られない。

●名前の後に人間界単位で四〇秒以内に死因を書くと、その通りになる。

●死因を書かなければすべてが心臓麻痺《まひ》となる。

●死因を書くとさらに六分四〇秒、詳しい死の状況を記載する時間が与えられる。

●所有者はノートの元の持ち主である死神の姿や声を認知することができる。

●デスノートの元の持ち主である死神は、そのノートでの死の手伝いや妨げになる行為は基本的にしない。

●書き入れる死の状況は、その人間が物理的に可能なこと、その人間がやってもおかしくない範囲の行動でなければ実現しない。

などだ。つまりノートが万能でなく、制限があるからこそ、その制限をめぐってさまざまなエピソードが生まれ、物語が豊かに展開していく。夜神少年は、ノートとその能力を使って、警察や世界的天才探偵L（エル）との息詰まる頭脳戦を繰り広げることになり、作品の完成度はまれに見る高さになった。

また、よくできたゲームは制限がしっかりしている。野球というゲームは、細かいルール、つまり制限があって、その制限の中でプレイしなくてはならない。

たとえばタッチアップというプレイでは、野手がボールを捕《と》ってからでないと、ランナーは塁を離れてはいけないと細かく決められている。そういう膨大な制限の中で、多くの人を魅了するプレイ、身体の動きが生まれてくる。多くの制限があるからこそ、選手や監督はその中で力を発揮するための戦術を練り、技を磨《みが》き、その結果としてクリエイティブな動きが出てくるともいえる。

同じように、考えるときにも、制限があることで、いま何を考えなければならないかがわかる。制限されることで、思考は進むのだ。

それが「考える」力を集中させる秘訣《ひけつ》だ。つまり、自分の中で制限をつくる。そうすることで思考の方向が決まる。そこにエネルギーを集中させて、アイディアを増殖させていく。そうした制限をかけないと、思考はただ拡散してしまう。

たとえば「抽象的な思考はもうしない」と決める。あるいは、「一般論的なことはもう考えるのをやめよう」「前例についてはもう考えるのをやめよう」「三分以内に必ず一つはネーミングを思いつく」「小学生にわかるように説明を工夫する」などと決めてみる。

そういくつかの制限をつくるだけで、思考の方向性が生まれ、具体的なアイディアが出るようになる。

「行き詰まる」のはなぜか

材料のすべてを把握《はあく》しないまま、ちょっとした思いつきだけで、アイディアをまとめようとすると、必ず途中で行き詰まることになる。

たとえば、レポートを書くとき、全体の構成ができていない状態で、いきなり書きはじめると、書いた文から次の文を引きずり出す作業になる。こうした方法だと、途中で行き詰まってしまう。

もちろん、一行目を書くことで次から次へ文章を生むことができる人もいるが、それは作家など、書くことと考えることを一体化するまでに技を磨き上げた少数の人たちだ。作家の中には、書き出しが決まったところで書きはじめ、書いた文章が次の発想を促《うなが》し、さらにその文章が次の考えを生むというような人もいる。自分の書く文章によって刺激を受けて、どんどん考えを進めて書くことができるタイプである。

しかし、じつは作家でも、最初に綿密な構成をつくってから書いていく人のほうが多い。

たとえ、綿密な構成までできていないとしても、たいていは、おおよその構成なり、「こういうところが書きたいのだ」という目的は、きちんと固まっているものだ。

ヒッチコックの傑作に『サイコ』という映画がある。この映画をヒッチコックがつくろうと思ったのは、女性が殺されるシーンがイメージとして思い浮かんできたからだという。だから、そのシーンだけは撮ると決めて、その前後のストーリーは後で考えるという方法で、映画史上屈指の作品が生まれた。

この場合、自分の中に「これだ」という一瞬の映像があって、それを撮るために他の部分があると考える方法だ。つまり、目的地がはっきりしているのだ。どこに行き着けば、この作品は完成なのかという目的、イメージがはっきりしている。すると後は、何をすればいいかがわかってくる。「ここに向けて行くんだよ」と考えて、つくっていけばいいわけである。

材料の全部を出し切れずに全体の構成が決まっていない場合は、何をいちばん書き

たいか、何をいちばん撮りたいか、といったことがわかっていることが重要である。

作家などが創作する場合、そこは、必ずおさえているはずだ。

これは、「核から出発して全体を考えていく」という方法である。

「生産的な思考」に必要な「課題設定能力」

『サイコ』では、観客の視点は、殺人者である男がのぞき見ている視点から、第三者の視点、被害者である女性の目へと移り、最後は血（彼女が刺されて流したもの）が眼球にオーバーラップされる排水溝に流れていくという鮮明なイメージがあった。映画学校の授業ならば、この「核となるイメージ」を課題として設定し、考える訓練ができる。

たとえば、「このシーンをクライマックスに持っていくような、前後のストーリーを作ってみる」「犯人の次の行動を予想してみる」「犯人のふだんの生活を想像してみる」などを通じて考える訓練ができるだろう。そうすると、それなりに面白いアイディアがいろいろと出てくる。

じつは、課題が決まると、アイディアは出しやすくなる。ただ「映画を撮れ」では何もアイディアがわかなくても、課題設定ができると、アイディアは生まれやすい。課題が出されると、たいていの人は考えることができる。とすれば、積極的に自分で考えるようにするためには、自分に対して、課題を設定すればいいわけだ。

アイディアを出すなど、生産的な思考をするためには、この「課題設定能力」が重要になる。

たとえば登山で、高い山を一気に登ることは無理でも、ベースキャンプをつくっていけば登ることができる。課題設定能力とは、このベースキャンプをつくる能力である。目的のために、少しずつでも思考を前進させる課題をつくるのである。

喜劇王チャーリー・チャップリンは、俳優業でいちばん大事なことについて、次のように語っている。

「わたし自身の経験によれば、それを達成するうえにいちばん大事なことは、なんといっても自分自身の位置づくり、いわゆるオリエンテーションということである。つまり、舞台上の一瞬ごとに、自分はいまどこにいるか、何をしているか、を知ることである。まず舞台へ出ればすぐに、どこで止まるべきか、どこで向きをかえるべきか、また、どこに立って、いつ、どこに坐るべきか、さらにほかの登場人物に対し、直接

話しかけるべきか、それとも間接に話すべきか、そういったことをすべて、はっきり自信をもって知っていなければならない。そうしたオリエンテーションこそが権威を与えるのであり、プロとアマとのちがいも実にここにある。わたしは自分の映画を監督するときに、いつも出演者たちに説いたのは、このオリエンテーション理論だった」（『チャップリン自伝　下巻・栄光の日々』中野好夫訳／新潮文庫）

俳優業を、ほかの仕事に置き換えても同じようにいえる。自分がこれからやりたい仕事において、何が障害であって、それをどうすれば克服できるのかというアイディアを、手帳やノートにどんどん書き連ねてみる。

いつでもどこでも課題を紙に書いて持ち歩く

習慣をつけるのが、生産的に考えるときの基本である。

そこで大切なのは、テーマを設定して、課題を細かく分けていくことだ。この段階までできれば、かなり考える力がある人だということができる。

問題を解決できる人の条件

スポーツ選手でも研究者でも、「できる人」は、何か現実の問題を乗り越えようとするとき、何が課題なのかをはっきりと設定し、その課題について、どうすれば解決できるかを具体的に考える。

スポーツでも、言葉だけではなくそれを図化してみて、動きを矢印などで示してみる。そして、自分の体で試してみて有効かどうかを実験する。

まず課題を設定し、解決したり達成したりする方法をいくつか列挙し、それを実験で検証し、さらに、もっとも効果的と思われる方法に絞り込んでいく。

どのようなスポーツでも、どんどん技が進化して一流選手になっている人は、そのような「考える力」を持っているものである。

野球でも、イチローのように、メジャーリーグに行って活躍するレベルになると、体力的なものだけでなく、考えて工夫して自分の技を磨いていくという資質が求められる。

たとえば、イチローは次のように言っている。

「同じ練習をしていても、何を感じながらやっているかで、ぜんぜん結果は違ってくるわけです」

「自分のやっていることは、理由があることでなくてはいけないと思っているし、自分の行動の意味を、必ず説明できる自信もあります」（『夢をつかむ　イチロー262のメッセージ』「夢をつかむ　イチロー262のメッセージ」編集委員会／ぴあ）

また、課題設定能力とともに、調整能力（自分を環境にアジャストさせる適応力）も非常に重要である。

アメリカの環境に自分自身を調整し、合わせていく力のある人が、メジャーリーグで生き残ることができる。引退したが、長谷川滋利《はせがわしげとし》投手などはその典型例である。調整能力のあることが、一流の世界で生き残っていくためには必要だ。

ピッチャーであれば、ただ投げる球が速いといったことだけでは、成功できない。メジャーの壁を乗り越えるためには、やはり課題を設定して、どう変えていけばよいかを考え、それを自分の体にしみ込ませることができる柔軟性が必要だ。

それはどの世界で生きるにしても、伸びていく人には共通の資質だ。そして、ある世界で一度伸びていく感触をつかんだ人間は、他のものに取り組んだときにもわりと素早く適応していくことができる。

一つの道を究《きわ》めるためには、考える力が必要であり、考える力は、どのような道であっても役に立つ。

一流の人は自分自身で自分に具体的な課題を与えることができ、それをクリアするよう努力し、検証して自分のものにするという技を習慣化して、身につけている。

「具体的な」課題とは何か

課題設定は、もちろん、自分に対してだけでなく他者に対しても有効である。**具体的な課題を人に指示することができれば、あまり考える習慣のない人にも考えさせることができる。**

その場合、抽象的指示ではなく、あくまでも具体的な課題を与えることがポイントになる。部下に仕事をうまくやらせることのできない上司は、指示が抽象的になりがちなタイプだ。たとえば「現状を打破する案を考えろ」と言っても、部下はどう考えればいいのかわからない。

もう少し具体的な課題を示さなくてはならない。たとえば、「いま余剰になっている人、モノ、カネを列挙する」とか、「他社の成功モデルを分析して、自社においてアレンジして採用できるものは何かを見つける」といった明確な課題だ。

そして、課題をクリアすれば、どんないい状態になるかを、きちんと話して理解させ、浸透させる。そこで「その状態をつくり上げるために必要なことは何かを考えてみろ」と指示すれば、指示されたほうも考えることができる。

あるいは現在、手持ちの材料としてはこれだけ揃《そろ》っていて、これが活用できていない。あるいは、どこかの材料が足らない。仕事がダメになっているとすれば、どう改善すればもう少しステップアップするのか、「それを考えろ」と具体的に指示する。

そうすれば、部下は考えることができる。

理想的なのは、最終ヴィジョンと自分たちが使い得る材料（素材）の両方を示し、「この間の道をつけてみろ」と指示する方法である。そう指示されれば、言われたほうは考えることができる。

人を指導する立場の人は、きちんとしたヴィジョンを示せなくてはならない。部下を、自分の頭できちんと考えることができるようにさせるリーダーとは、単に雰囲気がいい、人がいいといった、気分的な問題だけではない。どこに行けばよいのか、どの山に登ればよいのかを、具体的に指し示すことができる人だ。

そのとき、はじめから目的に達するのがむずかしいようであれば、登山で、いくつかのベースキャンプを経由するように、**途中で必ずクリアしなければならない課題**を設けて、それを経由していくようにする。一段一段、課題を低いレベルから高いレベルへステップアップさせるのだ。

部下の能力に合わせて、このように課題を少しずつ上げていくことができるリーダーこそが、部下に考える力をつけることができる人だ。

2 「考える脳」を鍛える

身体を使い、五感を目覚めさせる

最近は、脳の研究が進み、人間がどんな活動をしているときに、脳のどの部分の血流がよくなっているかを調べることで、どんな行動が脳のどの部分を活発にさせるのかがわかってきた。

意欲や考えることなど、人間らしい能力を司《つかさど》っているのは、脳の前頭前野《ぜんとうぜんや》の領域だとはっきりしてきた。人類が、他の動物と違って文明を築くことができたのは、この前頭前野が発達してきたことによるものだ。

前頭前野は使えば使うほど、働きが活発になる。負荷をかける、いわば前頭前野に苦労させたほうが、働きは活発になるのだ。**ラクをして考えない生活、工夫のない生活をしていたら、どんどん考える力は衰えるし、ボケるのも早くなる。**

最近、この前頭前野を活動させるために、東北大学の川島隆太《かわしまりゅうた》教授は、音読と単純計算が非常に効果があると提唱している。それによってボケの進行が遅くなったり、ボケが改善されることもあるという。

私は、『声に出して読みたい日本語』（草思社）、『音読破』シリーズ（小学館）などで音読を勧めてきたが、それが前頭前野を活発にするという脳科学と合致したわけである。

音読のように、身体を使い、五感を目覚めさせることで思考をさらに活発にできたという体験が私にはある。それが高度になれば、五感や食欲、性欲など、本能を司っている、いわゆる古い脳といわれるもののパワーも利用して、前頭前野のような新しい脳と連関させて、さらに脳をパワーアップさせることができると思う。

たとえば、日本仏教界の大天才・空海《くうかい》は、ある文を一〇〇万回唱えることで超人的な記憶力を得る、という虚空蔵求聞持法《こくうぞうぐもんじほう》という修行をした。これは音読によって脳の潜在能力を開発する手法といっていい。

実際、音読を続けると、脳がフルに活動して止まらなくなるという感じになる。そして音読によって、「考える」という作業の密度が非常に高くなる。

「考える力」を高めるためには、脳を活性化させることも必要なのだ。

音読や単純計算でウォーミングアップ

子どもとつき合っているとわかるが、朝はぼーっとしていて、むずかしい数学などをいきなりやらせても、全然ついてくることができない。頭が働かないのだ。

そこで音読や単純計算をやると、脳が活性化して、エンジンが温まって回った状態になる。それから、考えなければできない勉強をやれば、調子は格段に違う。

運動する場合など、いきなり激しい練習をしたら、体がついてこないし、ヘタをすると体を痛めてしまう。運動では、まずウォーミングアップしなければならないというのは常識だ。

運動までいかなくても、ちょっと体を動かすときも、はじめは面倒だ。たとえば「歩く」ことさえ、最初は面倒くさい。私はウォーキングマシンを使うことがあるが、ウォーキングマシンに乗るまでが億劫《おっくう》だし、乗っても最初の五分くらいまでは、すぐにでもやめたくなる。

ところが、一〇分を過ぎて、スピードも少しずつ速めていくと、今度は、歩くのが快感になってきて、このままずっと歩いていって、やめどきが見つからないという状態になる。

頭を使うことも、そういう「運動」としてとらえることが必要だ。実際、脳が回転している感触は、かなり運動に近い。だから「考える」ことにもウォーミングアップが必要で、音読や単純計算が脳にとって格好の運動になるのである。

反復強化が必要なのも、運動に似ている。

昨日散歩した心地よさが残っていて、今日もまた散歩したくなる。それと同じように「考える」ことを習慣化すればよい。

脳の回転している心地よさ、脳の中でいろいろな言葉や情報がつながっていく快感を味わったら、その余韻《よいん》があるうちに反復強化していくのである。

頭のいい人と対話を

「考える」ことのできていない人は、いわば、頭のギアチェンジができないのだ。いまどのギアに入っているのか、自分の頭の状態がわからない。

考える力がある人は、もう少しギアを上げて考えようとか、ずっとトップギアに入れていると疲れるから少しゆるめよう、というふうに、自在にコントロールできる。**頭の中のギアがたくさんあって、変速が自在にできるほど、考える力があるといえる。**

自分の頭の中のギアが三段変速なのか五段変速なのか、あるいは二〇段変速なのか、と振り返ってみてほしい。自転車でも五段あればいろんな道を走れるので、せめて五段変速ぐらいはほしいところだ。

いつも同じような人と刺激のない話しかしていない人の頭の中は、ギアが一つしか

ない自転車のようになっている可能性がある。

考える力を五段変速まで引き上げるには、頭のいい人と対話のスパーリングをするとよい。相手の話を聞くだけでは効果はなく、キャッチボールをするような形で対話をすることだ。

将棋や碁でも、コンピュータを相手にしているのと、人間と差し向かいでやっているのでは、脳の働きが違うという、最近の研究もある。対話するときも、どんな人を相手にするかが大事である。

川島隆太教授の研究によると、他者とのコミュニケーションで前頭前野は活動するが、中でも家族とのコミュニケーションが大切だということだ。だから、子どもにとっては、お母さんとのコミュニケーションによって、もっとも前頭前野が活動するという。

大人にとっても家族とのコミュニケーションは、気分転換として大事だろう。だが、「考える力をつける」ためには、家族だけではなく、「頭のいい人」との対話が必要である。

頭のギアを増やした人物として、ビートルズのジョン・レノンが挙げられる。彼は大ヒットした「イマジン」のレコードについてこう語っている。

「最初のレコードは、世間の人々にとってはあまりにリアルすぎて、誰も買ってくれなかった。つまり『イマジン』はメッセージは同じなんだけど、砂糖をまぶして口当たりをよくしてあるんだ。（中略）いくら反宗教、反国家、反因習、反資本主義的であっても、口当たりがいいから受け入れられるんだ」（『ジョン・レノン 下』レイ・コールマン／岡山徹訳／音楽之友社）

「世界的アイドル・バンドとしてのビートルズ」のジョンは、前衛的アーティストであったオノ・ヨーコから影響を受けて、メッセージ性を獲得した。それだけでなく、世界へ影響を与えるためにはどうすればいいかということまで戦略的に考え、楽曲をヒットさせて、自分たちのメッセージを世界へ強く発信していった。対話によって、頭のギアを増やし、ミュージシャンの枠《わく》を超え、人々に大きな影響を与える存在になったのだ。

チェック力を鍛える数学

子どもは、「なぜ算数などやらなければいけないのか」とか、文科系志望の高校生などは、「将来使わないのに、なぜ数学などやるのかわからない」などと言う。たしかに、大人になれば因数分解などは使わない人も多いだろう。

しかし、因数分解をうまくできるようになるために使った時間と労力は、「考える力」を鍛えることに貢献している。

因数分解は、バラバラに見えているものをすっきりした形にするものだ。因数分解ができたとき、脳から「スッキリ汁」のようなものが出る。そして、「整理ができて本当に気持ちいい」といった快感を脳が覚える。その快感が癖になると、いろいろなものを見て、「同じものはまとめてスッキリさせよう」「これとこれをつなげれば、すぐに整理できるのではないか」と考えることができるようになるのだ。

また、数学の計算では、途中でミスを一つしただけで後はいくらやっても正解は出ない。さらに、かけ算・割り算は足し算・引き算よりも先にやらなければならないといった細かいルールがある。それらを守りながら、計算を積み重ねて答えを出していく。一つのルールも落とさないように注意深くチェックをしながら進めていく必要がある。

数学の問題を数多く解くことで、漏《も》れやミスをチェックする力を鍛えることができ

るのだ。

また、数学においては、複雑な道のりを通って、回り道して努力することはいい方法ではない。できるだけ簡単に答えにたどり着くのがいい。それをできる人が、「頭がいい」といわれる。

視点を変えることによって計算は簡略化できる。それによってミスのリスクを減らし、シンプルに攻めることをよしとする。最終的な解答の書き方も、できるだけ簡略化してシンプルにすることが求められる。

このように、効率よく労力を減らして、シンプルを追求するということにおいても、数学は「考える」力を伸ばす。

複雑でうねうねした道に入り込めば、ミスをおかしやすくなる。**数学のトレーニングによって、ミスをおかすリスクが少ない簡単なやり方を見つけるという「考える」ことの基本を身につけることができるのである。**

推測力や比較力を鍛える国語

算数・数学が、シンプルに少ない労力で考える訓練であることに対して、国語はで

きるだけ、横道や複雑な道に入り込むことをよしとする。

人間というものを考えたとき、数学的にすっきりとした形でとらえてしまうと、極端にいえば、「食べて寝て子孫を残して、一生とは、そんなもの」というようになってしまう。「だから時に酒でも飲んで酩酊《めいてい》して頭を朦朧《もうろう》とさせ、気持ちをよくするしかない」となったら、人生が虚《むな》しくなってしまう。

人生にはもっと何かがある。その「何か」を探すには、うねうねした道、複雑な道をたどらなければならない。

古今東西、数多くの哲学や思想が生まれ、「人間とは何か」が論じられてきた。それらに触れることで、数学とは異なる角度から、「考える力」を鍛えることができる。

優れた文学作品もまた、読む人ごとにさまざまな解釈ができ、「考える力」を刺激する。たとえば、『星の王子さま』(サン=テグジュペリ)は、王子さまが出会う王様や、酔っぱらいや、友達になる狐《きつね》、わがままなバラなどとのエピソードが、それぞれどんな意味を持つのか、深く考えることができる。ドストエフスキーの『罪と罰』では、「多くの人を救える優れた人間のために、ふつうの人間一人を殺してもいいか」という問題が一つのテーマになっている。この問題だけでも、法律や歴史や社会を考えるきっかけになる。

そういうものを読み、どんどん深い森に入っていくことが大切だ。あまりにシンプルに人間や世の中を説明してしまうと、つまらない。深い森を知っているからこそ、「じつは、こんなにシンプルな近道がある」ということを発見したときに喜びを得られるのだ。

国語を学ぶことで、推測したり、推理したり、比較したり、といった「考える力」を養うことができる。

ラクをすれば退化する脳

いまは、さまざまなことが便利になり、あまり頭を使わなくても、日々暮らしていけるようになっている。その意味で、人類が前頭前野をほとんど使わなくても生活していける条件が整ったといえる。

ということは、人類はいまや、前頭前野が縮小するという、これまで経験したことのない変化の時期に入っているのかもしれない。

文明の発達によって、「考えなくてもすんでしまう」という新しい段階にきたこと

が、人類の脳にとっては「退化」のはじまりだとすれば、じつに皮肉なことだ。

人間は基本的に、ラクな方にラクな方に、と流れる。大変なことをやりたくないから文明は発達したのだが、逆にそのことで、人間が退化する可能性も出てきた。

退化しないためには、意識的に考える力を高める努力をしていかなければならない。「考える」ことほど人に役立ち、しかも楽しいことはほかにないのだから。

第2章 「考える集中力」をつける

1 ――「集中に入る技」を身につける

集中できないイライラを解消するには

どのような仕事であれ、仕事をはじめるときは、なかなか気分が乗らないものだ。とりわけ深く考えることが要求される仕事ほど、なかなか取りかかれない。

一般的には、仕事をはじめるときには、あまり考える必要のない作業の方が入りやすい。いろいろ考えなければできない仕事となると、その大変さが予想できて、億劫《おっくう》になる。

集中するためには、ウォーミングアップがどうしても必要だ。**頭の働きもエンジンと同様で、温まるまでにけっこう時間がかかる。**ウォーミングアップの時間は、「準備として必要な時間」と決めることだ。

たとえば、レポートなり原稿なりを二時間書く時間を取りたいとする。文章を書こうとすれば、よく考えなければならないので、とても疲れる。最初の二時間を構想などに費やし、ようやく一時間書いて、また二時間休んだり、考えたりする。そしてまた一時間書いて、となると、結局六時間も使って二時間しか書いていない。

六〜八時間費やしても、二時間しか進まないという日が続くと、「自分には集中力がないんじゃないか」とイライラするだろう。しかし、そこでイライラしても仕方ない。

「なぜ、自分はなかなか集中に入れないんだろう」と思って、じれたり落ち込んだりするよりも、休んでいる時間も含めて、「トータルで一日二時間やればよい」と思うことだ。

休んだり、イライラして書けない時間も含めて、ムダな時間と考えずに、それをウォーミングアップの時間として、計算のうちに含めてしまうのだ。

スポーツでは、必ずウォーミングアップが必要だ。陸上選手は、一〇〇メートルを一〇秒で走るとしたら、その一〇秒のために、延々と準備をしなければならない。本当に集中するのは、一瞬にすぎない。そういう意味では、本番ではない時間を、ウォーミングアップや筋力を鍛えるなど、いろいろな練習に使っている。

考えながら行う作業も、それと同じように、**集中に深く入るためには、その集中時間の何倍かの時間が必要だと割り切ってしまうのだ。**長時間、同じ密度で集中しようと思うよりも、いったん集中したら、それをできるだけ途切れないようにする方法を考える方が大事だ。

できない状態にイライラし過ぎてしまうと、気持ちばかりが焦り、自己嫌悪に陥って、さらに集中できなくなってしまう。そういうことがないように、自分をコントロールしていく必要がある。

外界をシャットアウトする方法

作家のスティーヴン・キングは、『小説作法』という本で、原稿を書く時間は、部屋のドアを閉め切ってしまい、電話もファックスも一切シャットアウトして集中するといったことを書いていた。

「なるべくなら、書斎に電話はない方がいい。テレビやビデオゲームなど、暇潰《ひまつぶ》しの道具は論外である。窓はカーテンを引き、あるいは、ブラインドを降ろす。(中略)作家すべてに言えることだが、特に新人は気が散るものをいっさい排除すべきである」(『スティーヴン・キング小説作法』スティーヴン・キング／池央耿訳／アーティストハウス)

外界をシャットアウトする時間の枠をつくるというのは、集中に入るもっとも有効な方法である。

電話に出たりすると、せっかく集中に入っていたのに、集中が途切れてしまったり、アイディアが飛んでしまったりする。

私の体験でも、こんなことがある。

二〇〇人ほど入れる大教室で授業をしていたときだが、私が壇上で講義をしている途中で、「配られたプリントが一枚足りません」と、壇上に上がって来て言う学生がいた。ちょっと考えて、列の後ろを見てくれれば、絶対に余っているプリントがある。無神経に講義を中断させる態度を、そのときは注意した。

せっかく話に集中しはじめてきたところだったのに、そのせいで集中が切れてしまった。こういうことには慣れているので、話を思い出せないということはないが、集中状態に戻すまでに少し時間がかかってしまう。

せっかく話が興に乗ってきたところに、そうした邪魔《じゃま》が入ると非常に疲れる。集中に入っている状態を乱されると、だれでも不愉快になる。「せっかく乗ってきたのに」と、集中に再度入る気をなくしてしまう。

たとえば、こちらが一生懸命相談事をしているときに、相手に露骨《ろこつ》にあくびなどされたら、もう相談する気がなくなるだろう。そういうことと似ていて、集中している状態をいったん乱されると、前の状態に戻すのに、かなりのエネルギーが必要になる。

集中する習慣をつけるためには、スティーヴン・キングが執筆するときのように、この時間は部屋に閉じこもって、人にも会わないし、電話などにも出ない、執筆以外のことには煩《わずら》わされないという状態をつくるのがよい。

集中することを習慣化できれば、近くで子どもが騒いでいるなど、周りが多少うるさくても、集中できるようになる。

アインシュタインは、子どもの揺りかごを足で揺らしながら、乳母車《うばぐるま》を机代わりにして研究したという話がある。そんな状態でも集中して考えることができるようになったのは、若いころに、一日中考えている生活をずっとしてきており、シャットアウト習慣が身についていたからだ。

そういう完全なシャットアウト習慣をマスターするのはむずかしいだろう。そうであれば、集中できる状態を、短時間でも自分でつくるようにすればいい。

もちろん、会社の中で、周囲に人が大勢いて、しかも電話がどんどんかかってくるという状態では、なかなかむずかしいかもしれない。

それでも、必死に集中した状態でやっているのが周囲にわかれば、話しかけづらいだろうし、電話に出なくても文句はいわれないだろう。

あるいは、「いま集中しているので、邪魔しないでください」といったシャットアウトマークをつくって置いておくといった工夫をする。たとえば、ホテルの「DON'T DISTURB」（起こさないでください）のような札でも机の上に置いて、「いま邪魔してはいけないのだ」と、周囲に周知させるのも一つの方法だ。そうした宣言は、自分に対してもいいプレッシャーになるだろう。

集中に入るための呼吸法

じつは、集中に入る習慣をつけることさえできれば、その集中時間を引き延ばすこ

とは、それほどむずかしいことではない。

たとえば、書く場合でも、一度、トップスピードに入ってしまえば、どんどん、いろいろ書くことを思いつく。いちばんつらいのは、最初の一行目、一枚目くらいまでだ。それが二〜三枚目に入ると、だいぶ負担が軽くなってくる。

長距離を歩くときでも、最初は面倒だが、一キロも歩き続ければ、次の一キロは慣性にしたがってラクになる。人間には、「慣性の法則」ではないが、同じ状態を維持したくなるという習性がある。だから、集中したら集中した状態を維持したくなってしまう。

だから、「いかにして集中に入るか」が重要なのだ。

フランスの偉大な小説家バルザックは集中に入るために、かなり濃いコーヒーを飲んでいたそうだ。

私もある時期、濃くて苦いマンデリンというコーヒーを飲んでいた。たしかに頭がスッキリとし、集中できるようになる。だが、集中を持続させるために、どうしても何杯も飲み続けることになる。結果的に、気持ちが悪くなったのでやめた。これは胃に負担がかかるので、人によりけりだが、これはこれで効果のある方法だ。

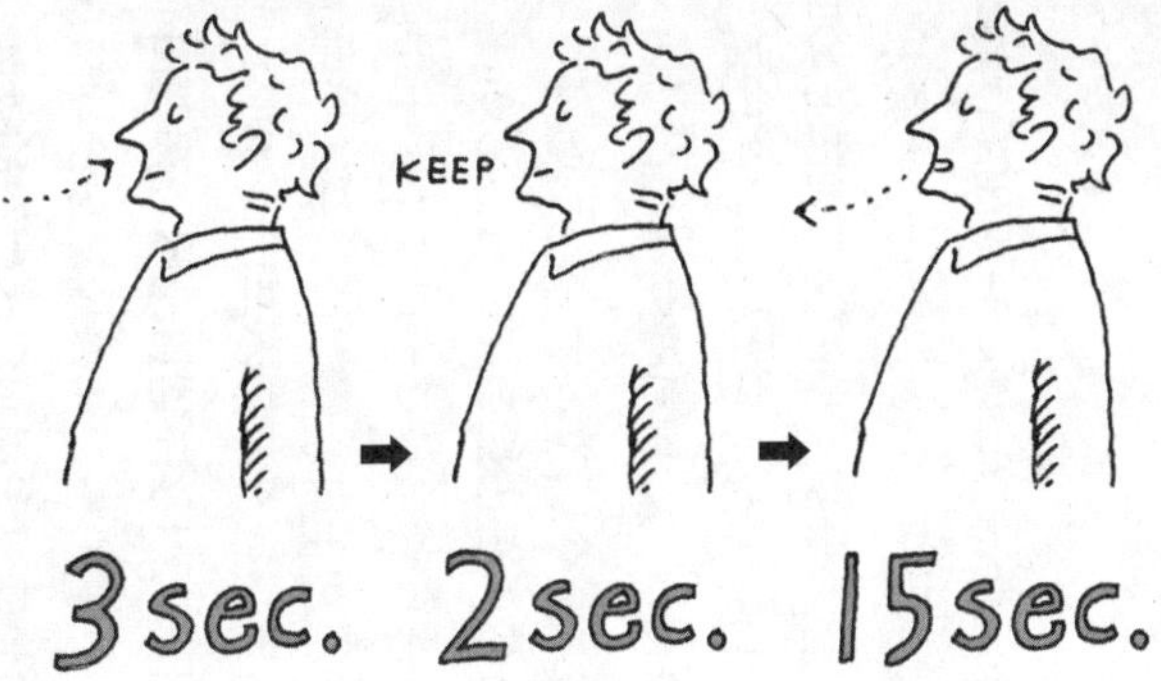

リラックス系の音楽を聴いて、仕事の気分に深く沈んでいくという方法も効果がある。集中するためには、深く沈んでいく感じが大事なのだ。**呼吸法も有効である。とくに私は呼吸法を研究していたので、集中するときにずいぶん活用してきた。**

息をフーッと口から吐いていくが、そのとき、水の中にいる自分をイメージする。息を吐きながら湖の底にブクブクと沈んでいくようなイメージである。

実際にそんなことをしたら息苦しいが、イメージとしては、非常に静かな状態に沈んでいくことができる。**現実には外界の喧噪《けんそう》の中にいたとしても、自分の頭の中では、外界をシャットアウトした状態をつくれるのである。**

私が活用している呼吸法は簡単で、息を長く吐き、呼吸を自分でコントロールするというものだ。

「三秒吸って、二秒止めて、一五秒吐く」という呼吸を三〜四回繰り返す。苦しい場合は、一〇秒吐くのでもかまわない。

「吐く」は「捨てる」ということなので、心配事や外の世界の煩わしいことなど、自分の中のもやもやしたものを吐く息と共に捨てていく感覚である。

そうやって自分の頭の中をいったん空っぽにして、これから考えようとしていることのためにスペースをつくるのだ。極端にいえば、「外界のことはどうでもいいと思える」という状態であり、ここまでくれば集中に入れる。

時間にして、せいぜい一〜二分しかかからない。慣れると、そのわずかな時間で、自分の世界に沈んで、集中することができる。

実際、子どもたちに、この呼吸法のあとに単純計算をやらせると、呼吸法をせずに計算したときよりも計算力がアップした。

深夜のファミレスは知的生産にうってつけ

集中するためのもう一つの方法は場所を変えることだ。

たとえば、喫茶店やファミリーレストランをうまく利用する。私は限られた時間に集中して考え事をしたいときには、これらの店に行く。

人によっては、自分の部屋で一人で閉じこもって考えるよりも、周囲がざわざわしているほうが考えることに集中できる場合がある。閉じこもって考えてもいいアイディアが出ないとき、場所を変えてみるのも一つの方法である。

私はアイディアが浮かばないとき、喫茶店やファミレスに行き、テーブルに白い紙を広げて、思いつくキーワードをどんどん書き出していきながら考える。

喫茶店は、基本的にそんなに長居することができない。時間的な制約があるので、だいたい一時間くらいの時間に勝負をかける。**二〇分ほどしか時間がなくても、あえてお金を払って集中を買う。私はこれを「喫茶店タクティクス（戦略）」と名づけている。**

集中するために、場所を変えることと、そのタイムリミットを有効活用するわけである。

喫茶店のようなざわついている中では、案外と自分の世界に入りやすい。周囲の人の声が聞こえたりするのが、かえって気晴らしにもなるのだ。

喫茶店は、基本的には、生産性のないおしゃべりが中心の場なので、周囲のほとんどが他愛《たあい》のない話をしている。

私の場合、そんな中で、むずかしい本を読んだり、むずかしいことを考えると非常に気分がいい。だから、学生時代から、喫茶店は私にとっては、集中して考えたり書いたりする場だった。

競走するとき、自分より速い人と走った方がいいタイムが出るという人もいる。だが、私の場合は逆で、遅い人と走る方が速くなる。人を引き離していく感覚が、自分を加速させる。気分のよさが、追い風になるのだ。

みんなが遊んでいる中で、一人だけ集中して勉強したり仕事をしたりしていると、自分だけ高貴な活動をしているような誇りを持てる気がして（勝手な妄想だが）、いよいよ人を引き離していくような気分になれるのだ。

ファミレスもよく活用する。客がまばらな深夜の時間帯には、どんなに長居していても、まず文句を言われることなどない。店側の無関心度が、集中するには適している。ドリンクバーといったセルフサービスのシステムも集中しやすい環境の一翼《いちよく》を担っている。

仕事に集中しているときは、携帯電話がかかってきても基本的には出ない。必要な電話は後からかけ直すか、メールで返事をする。

夜中、ファミレスにノートパソコンを持っていって、三〜四時間も延々と仕事をしていたこともある。私にとって知的生産の場としては、ファミレスは非常に便利な場所だ。

何か面倒な仕事があったら、場所を変えて、喫茶店やファミレスなどに行くというのもよい方法だ。そのためのお金はケチらない。

ケチって図書館や会社や自宅でやろうとは考えない。自宅や仕事場から雑然とした場所にあえて出かけていき、限定的な時間で勝負をかけることで集中の継続時間がぐっとのびる。

アイディア出しのゴールデンタイムを決める

だれにでも、もっとも集中できるゴールデンタイムというものがある。一日のうちで、もっとも能率よく仕事ができ、考えることができる時間を、自分でわかっていると効率よくスケジュールが組める。

ゴールデンタイムには、邪魔が入らないようにしておく。また、その時間には、いつでもできるようなことはしない。

スティーヴン・キングのように、午前中は執筆時間のゴールデンタイムと設定して、この時間だけはだれにも邪魔をさせないということだ。

会社であれば、たとえば九時から一〇時の一時間だけは、クリエイティブな時間と設定して、ルーティンワークはしないと決める。

それが無理ならば、出勤時間よりも一時間早く出社して、自分だけの時間をつくる、あるいはほとんどの人が退社した後の一時間を充《あ》てる、寝る前の風呂《ふろ》の時間をアイディア出しの時間にするなど、工夫はいくらでもできるだろう。

制限時間の効用

ゴールデンタイムを決めるということは、制限時間を設けることでもある。喫茶店やファミレスを活用するのも、場所を変えて気分を変えることで集中をはかることでもあるが、制限時間を設けることにもなっている。

受験勉強も制限時間があるという意味で、集中力を高める非常によい訓練になる。

よく受験勉強をしすぎると、考える力がなくなるなどといわれたりする。しかし、実際には、そんなことはありえない。厳しい受験勉強をやってきた人間ほど、考える力が下がることを示す統計的データも存在しない。

受験勉強では、試験日が決まっているから、逆算して学習計画を立てる能力も求められる。そのうえ、限られた時間内で集中するわけだから、受験勉強がきちんとできた人には、集中力がかなりついているはずだ。

締め切り前倒し主義で高まる集中力

基本的に仕事は期限を区切る締め切りがないとなかなか進まない。「仕上げるのはいつでもいい」などという仕事はなかなか取りかかる気にならない。

ビジネスでは、締め切りの設定の曖昧《あいまい》なものも少なくない。そうするとその仕事は後まわしになる。

集中して仕事をするためには、締め切りのないものでも自分で締め切りを設定してしまえばいい。自分で設定するだけでなく、その締め切りを相手に伝えることで自分を追い込めば、さらに効果的だ。

たとえば、相手から「四月いっぱいか五月初旬でどうか」と言われたら、「四月中旬にやります」と締め切りや納期を前倒しして言ってしまう。「締め切り前倒し主義」「納期前倒し主義」にするのである。

光ファイバーを使った大型ディスプレーを開発した原丈人《はらじょうじ》氏は、当初なかなか商品が売れず、会社の資金が底をつき、起死回生の策として、ディズニーランドへ売り込みに行き、納期前倒しで信頼を勝ちえた。

「毎日、早朝から夜遅くまで懸命に働き、納期の一週間前に製品を仕上げました。(中略) 納品すると、今度は向こうが驚きました。『いままで納期に間に合った業者はあなたたちだけだ。品質も良い。よし倍の注文を出そう』」(「WEDGE」二〇〇六年八

号）

まず、どんなことにでも締め切りを設定する。「受けた仕事は毎月月末にはすべて仕上げる」というのでもいい。毎月月末を自分の納期にしておいて、それを遵守《じゅんしゅ》する。そうすると、毎月月末の納期を終えると、疲れ果てて死んだような状態になってしまうかもしれない。

週刊誌や月刊誌をつくっている編集者は、締め切り後には、だいたい死んだような状態になる。毎号必死に締め切りを追いかけて仕事をし、どんな無理をしても毎月の発売日に間に合わせなければならないからだ。そして、そんな無理を繰り返しても脳が限界に達するということはない。

作家も、締め切りがあるから書けるのであって、締め切りがなければ、書くプロであっても、仕事は進まない。

期限があることによってはじめて人は集中できるのである。

時間を小刻みに区切って結果を出す訓練を

佐々木《ささき》倫子《のりこ》さんの作品に『Heaven?』（小学館）という漫画がある。編集者と漫画家

佐々木倫子『Heaven?』5
（小学館）
出典：『佐藤雅彦全仕事』（マドラ出版）の「3分企画」

集中は一人で行うばかりではない。二人一緒にいても話し合いはせず、時間を区切って集中してアイディアを出し合う。そしてお互い厳しくチェックし合っても高い集中状態が生み出せる。

が、「せーので考えよう」と言い合って、三分考え、アイディアを出す。三分間は二人とも黙っている。そこで、いいアイディアが出なかったら、「じゃあまた三分」と、三分単位で繰り返していく。

このように小刻みに時間を区切る方法もまた、集中力を高めるのに有効である。

私は「ストップウォッチ主義」を宣言して、つねにストップウォッチを持っている。授業で学生に課題を与えるときには、つねに何分か刻みで答えを出すように求める。

たとえば「次は二分半でアイディアを出してください」と要求する。そして二分半で出なかった人には、「きみたちは面接試験だったら二次面接には行けません」というように、プレッシャーをかけていく。二〜三分という短い単位で区切っていくと、学生たちは、必死になって集中して考える。

それを積み重ねる中での九〇分の授業は、非常に密度の濃いものになる。

仕事では、締め切りの中で結果を出すことが、つねに求められる。小刻みに時間を区切って結果を出す訓練は自分でもできる。これを繰り返すことで集中力が身につき、与えられた時間が少なくてもアイディアを生み出せるようになる。

2――「集中を持続させる技」を磨く

オンとオフを分けない

集中できる時間には限界があると、よくいわれる。だから、途中で休みを取ることが必要であるともいわれる。たしかに学校の授業などは、そういうカリキュラムになっている。

しかし、どんなに頭を使っていると思っていても、脳が焼き切れるほどには働かせていないものだ。自分では、ずっと集中して考え続けていると思っていても、その時間の五〜六割はさぼっている状態だったりする。

ある程度は集中できていると感じられるときには、あえて休み時間を取る必要はない。集中していても生理現象であるトイレには行きたくなるから、その時間が休み時間だ。そのときに、首、肩、とくに肩胛骨《けんこうこつ》をグルグル回す体操をしたり、深呼吸をして肺の空気を入れ換える。その時間をリフレッシュタイムにする。

集中して仕事をする時間と休む時間をきちんと分ける、つまりオンとオフをはっきり分けた方がいいとよくいわれるが、私の経験では、脳の中の作業としては、仕事とそれ以外の時間を分けない方がいい。

実際は、オンといっても、脳は点滅状態であり、つねにオンの状態にあるわけではない。だから、意識的に脳を休ませる必要などない。休ませるよりも、どんどん使うべきなのだ。休むのは、トイレに行くときで十分である。トイレに行っているときでも考えてしまうまでいって、「集中」といえる。

考え続けるには体力が必要である。

二〇世紀最大の芸術家であるピカソは創作欲が旺盛で、生涯八万点もの作品を残した。彼は非常に長い間、立ったまま絵を描き続けることができた。

「ピカソは、無駄な動きを一切せずに、3、4時間あまりも続けて描くことができた。そんなに長い間立っていて疲れないのかと、私は彼に聞いてみたことがある。彼は首を振った。『いや、描いている間、私はイスラム教徒がモスクに入る前に履物を脱ぐように、戸口に肉体を置いてきているのだ』」(『ピカソ——天才とその世紀』マリ＝ロール・ベルナダック、ポール・デュ・ブーシェ／高階秀爾監修／創元社)

ピカソは、仕事をしながら休息できる域にまで、身体の技を磨いたといえる。

「考えている」つもりで考えていない

少しの時間ならば、だれでも考えることはできるが、持続力のない人だと三分程度考えたら、もう気が散ってしまう。

授業で課題を出してみるとわかるが、最初は一応みんな考えようとする。しかし、三分過ぎくらいから、もう飽きてきて、「早く答えを言ってくれないかな」と、脱落して考えられなくなる人がどんどん出てくる。

文章を書いてもらうと、もう少し考える時間が長くなるが、口頭で課題を出して紙に書かずに考えてもらうと、何分かして、「答えはどうか」と聞いても、「いや、まだ思いついていません」などと、何にも考えていない人が六〜七割くらいいる。

本人は、考えているつもりなのだが、実際には、考えていないのだ。

答えを思いつくのを何分も待っていると時間がもったいないので、私は「一、二、三……一〇。はい、終了です」と、一〇秒くらいしか与えない。結局、時間を延ばしても思いつかないことがわかっているからだ。

ある一つのテーマを、何時間も、あるいは時には何日も何カ月も、集中して考え続ける訓練ができていれば、時間を取れば、それなりにいい答えが出てくる。

しかし、そうでなければ、与えられた時間が三分だろうが三時間だろうが三〇時間だろうが一カ月だろうが結果は同じである。いつまで待ってもアイディアは出てこない。

「問題が頭から離れない」経験のすすめ

スポーツでは、たとえば一キロ走れるからといって二〇~三〇キロ走れるとは限らない。しかし、練習すれば徐々に走る距離を延ばしていくことができる。

考える持続力も、練習次第で上げることができる。

考えるとは、同じところで堂々めぐりせず、ステップを踏むようにして徐々に思考を進化させることだ。一週間ぐらい、それを続けられる力が「考える持続力」である。

食事をしていても、何か別のことをしていても、そのことが頭を離れず、ずっと考えている。極端にいえば、寝ているときでさえも考え続ける状態まで追い込まれると、あるときふと何か思いつくことがある。

そこまでいくには訓練が必要だ。ある時期「研究」活動に打ち込むことは、そういう考え続ける体力をつけるために、格好の訓練になる。

ふつうに「集中する」という場合は、その時々の必要に応じていろいろな問題について考える。仕事などではそうだろう。

だが「研究」は、一つの問題を延々と考え続けなければならない。ある問題を一日中考え続けて、夜ベッドに入ってからも考え続ける。さらに、何日も何日も考え続ける。場合によっては、数学者、哲学者、物理学者のように、何年も同じ問題を考え続けるということもある。

ふつう、試験で必要とされるものは、おもに知識の再生である。与えられている情報を記憶して、教科書やノートを見ないでもう一回再生できるかどうかが試されるわけだ。それができればたいていの試験で合格点がとれる。

司法試験となると、具体的な事件を例にして、どの論点とどういう判例を組み合わせると、それを解釈できるのか、判断ができるのかということが試される。材料の組み替えをしなければならない分、大学の入学試験などよりも、かなり考えなければならない。再構成能力が必要になる。

このような試験では「考える力」が必要だが、それでも、具体的な設問を与えられるし、模範解答もあるのだから、やるべき作業は見えている。

これに対して「研究」では、「問い」自体も自分で考えなければならない。問いを設定した上で、それまでの研究にはない、新しい領域にたどり着かなければならない。

大学生レベルでは、卒業論文が研究に近い。これは他の試験科目を受けるときとは雰囲気が変わる。卒論に真剣に取り組めば、考える力はかなりつくはずだ。

卒論は、何を書いていいのかわからない状態から半年～一年間ぐらいかけて考え、テーマを見つける作業をする。それでようやく書きはじめる。このように、一つのことについて煮詰めるまで考える作業を長期間経験すると、考えることが癖になっていく。

その集中力を維持するには、一つの問題をずっと考え続ける執着力が必要になる。

何をしていてもある問題が頭から離れない状態を経験したことのある人は、考える力

が身についているといえる。

大学以上に「研究」を体験できるのが大学院である。私は、大学院に進む大きな効用の一つが、研究活動、つまりある程度の期間にわたって持続的に考えることの体験にあると考えている。

社会人であっても、大学の卒業論文や大学院での研究に近い効果を得る環境づくりは可能だ。**自分でテーマと期限を決めて、「執着」してみるとよいだろう。**

「寝ても覚めても」という状態をつくるには

考え続けることによって、考えが止まらなくなることがある。別のことをしたり、考えなくてはならないにもかかわらず、そのことが頭から離れず、どんどん考えが浮かんできてしまうのだ。

そんなときには、紙に書き出さないと、頭がおかしくなってしまうような感覚になる。紙に書き出せば、その考えから逃れられる。しかし、しばらくするとまた浮かんできて、また書き出さなければならなくなる。

このように、止めるのがむずかしいところまで一つのことを考え続けると、脳が興

奮状態に入って加速し、その後は慣性の法則で、食べているときも、寝ているときも考えてしまうといった状態になる。

将棋界のスーパースター羽生善治《はぶよしはる》氏は、対局中の一時間の昼休みに、かなり遠くまで歩いて昼食をサッと食べ、また長く歩いて戻ってくるということを習慣にしているという。そうすることでようやく、将棋から頭を離れさせることができるからだと言っていた。そういう工夫をしないと、どうしても考え続けてしまうのだ。その思考の持続力は、まさにプロだ。

「寝ても覚めても」という状態をつくるには、夜寝る前にノートを枕元《まくらもと》に置き、追求している問題について考えたりメモしたりする。そうしているうちにいつの間にか眠ってしまう、という方法がある。それは、「後は、寝ている間に処理してね」と自分の頭に向かって言うような感じだ。

数学者・哲学者のラッセルは、ある問題について考えに考え抜いたら、その問題について「地下へ行け」と、一度自分に言ってしまうという。「地下」とは、「無意識」を指す。

意識の方では限界までやって煮詰まったので、後はしばらく考えずに置いておく。その間に無意識の方で処理してくれと、自分自身に対して指令を出すということだ。すると意識の表面からは消えるが、長い期間考えているので、それでも無意識下にはとどまっている。すると、あることがきっかけで、問題解決の瞬間が訪れるというわけである。

執着してずっとそのことばかりを考えに考えていると、あるとき、思いがけずインスピレーションがわくことがある。それは、無意識下で処理されているからなのだ。

その段階までもっていくためには、とにかく考え続けることであり、「考える持久力」がものをいうのである。

成果が出なければ「考えていない」と同じ

考え続けることができるようになると、考える力の質が高くなる。量が質に転化するからだ。

だが、それだけでは不十分だ。アイディアなり何らかの成果を出さない限り意味はない。成果がなければ、考えていないと同じになってしまう。**考えるときには成果主義でなければならない。朦朧《もうろう》として五里霧中《ごりむちゅう》の中を彷徨《さまよ》っているだけでは、考えるとはいわない。**

もちろん、いろいろな可能性を考えて頭を遊ばせることは必要だが、一定の期間で結果を出さなくては、何にもならない。

考えるというと、非常に個人的な作業のように思えるかもしれないが、それを社会的な作業に変えていかなければ意味はない。その点では、**「考える」ことは、他の人からのチェックを受けるという前提のもとに行う作業となる。**

研究者は論文を書いて発表することを前提に考えているからこそ、考えがまとまるのだ。それを、「自由に考えていい」「論文は書かなくていい」などと言われていたら、考えは先に進まない。

私自身、大学院時代、二年近くまったく論文を書かないで、考えている気分にひたっていたことがある。あまりに非生産的だったことを反省し、小さなものでも形にするようにしてから、考えが進むようになった。

何月何日までに論文を書くと決めて自分に課していると、そこに向けて思考が集約していく。結果を見据えて考えるからこそ、考え続けることもできるし、考えを進めることもできるのだ。

「考えたけれどもアイディアが出ませんでした」というのでは、考えなかったのと同じである。

もし、考えてもアイディアが出なかったならば、「○○まで時間をください」と、期日を再設定して考え続ける粘りがほしい。

何らかの結果が出るまで考え続ける粘着力もまた、集中力、持久力、執着力とともに「考える力」を強固なものにするためには必要である。

第3章　アイディア力がつく「考える力」

1——「視点移動力」を持つ

知性は視点を移動できる力

本章では、「考える力」を、どうアイディアに結びつけていくかという視点から話を進めていく。

考えるという作業は、知性が行う作業である。「知性がある」とは、決めつけたり、思い込んだりせずに、視点を移動することができるということだ。

一つの視点だけから見て、「これは、こうなんだ」と思い込んだり決めつけたりして、感情さえもそれに支配されてしまうと、「知性がない」ということになる。

たとえば、戦争を引き起こすのは、もっとも知性が欠如した状態だ。二項対立図式で「相手は悪である、自分たちは善である」と決めつける。善悪二元論的な思考様式である。

それを角度を変えてみたり、立場を変えて向こうから見るとこっちが悪に見えるといったところからはじまって、いろいろな視点から見ることができるようにするのが、知性というものだ。この視点移動力が、考える作業の基本になる。

視点を移動できる知性を身につけるには、子どものころから訓練するに越したことはない。

だから、学校の授業は本来、視点を移動させることをテーマにしてやるべきだ。たとえば理科の実験でも、視点を変えると、こういう結果もありえる、もう一つ視点を変えるとこういう結果もありうるなどと、いろいろな角度からやってみる。

光の性質にしても、波動か粒子かで侃々諤々《かんかんがくがく》の論争があった。絶対に粒子、絶対に波動と言っていた人たちの論争では、解決がつかなかった。どちらも思い込みが強かったのである。結局、光とは両方の性質を持っている珍しいものだという結論だった。

視点を変えてみることによって、はじめて両方の性質を兼ね備えているということがわかったわけである。

哲学者のニーチェは「神だって腐るのだ！　神は死んだ！　神は死んだままだ！」（『ニーチェ全集8　悦ばしき知識』信太正三訳／ちくま学芸文庫）という有名な言葉を残した。この言葉によって、キリスト教によって制限されていたヨーロッパの思想はある意味で枷《かせ》をはずされ、その後大きく発展した。固定された視点を変えることで、考える作業は大きく進むことの証明といえるだろう。

「一般論」が考えることを妨げる

思い込み、先入観から脱け出せるのが、「考える力がある」ということだ。それは、ドイツの哲学者フッサールの唱えた現象学でいうと、決めつけずに「括弧《かっこ》に入れる」ということである。

簡単にいえば、「だから男というのは……」「だから女というのは……」「いまどきの若いヤツは……」などと、一般論にしてしまわないことだ。

一般論にしてしまうと、思考は進まない。現象学の考え方では、「いまどきの若者というのは」といった一般論をいったん括弧に入れて、とりあえず決めつけない。そして現象を丁寧に記述してみるのだ。

たとえば画家は、丁寧に現象学的な記述をする。リンゴを描くときには、まず「リンゴ」という概念を捨て、一個一個の存在感を見る。

本来、一個一個のリンゴはそれぞれ違う。しかしふつうの人が、想像上でリンゴを描くと、一般的なリンゴのイメージで描いてしまう。「リンゴというものはこういうものだ」という思い込みで描く。すると全部同じようなリンゴになってしまう。しかし、現実にそんなリンゴはあり得ない。

私たちにとって、自分たち人間の顔は細かく識別できるので、一万人いても「この人とこの人は違う」と判別できる。しかし、私たちはふだんはそういうふうにリンゴは見ていない。**一般論からものごとを見たり、考えたりすると、ものごとの本質から離れてしまうのだ。**

たとえば、私は、ミカンを、一万人の顔のように一つひとつ違うように見ることができる。

ミカンを見て、触った瞬間にそれがどういう味かがわかる。ミカンを冬の主食のようにして生きてきた人間からすると、見た瞬間に、持った瞬間に、これはどの程度の酸っぱさであり、どの程度皮を剝《む》くのに手間がかかるか、ほろ（果肉を包む薄い皮）がどのくらいついているかまで予測できる。

そこまでいけば、ミカンを一つひとつ別々に見ていることになる。しかし、それがわからない人は、「ミカン」という雑然たる概念で、一括《ひとくく》りにしてしまう。私もミカン以外の果物になると、とたんに大ざっぱな視点でしか見ることができない。

このように一括りにしてしまう、一般論にしてしまう先入観が、考える作業をもっとも妨げる。

だから、一回、現象それ自体に戻って見てみる必要がある。ほかの人はそう思い込んでいるが、「ほんとうは、全然そうなってないよ」と、丁寧なところまで見ようというのが、フッサールの提言だ。

一般化は、個々のバラバラな現象をまとめ上げるには都合がいい。しかし、それと逆の方向性を持とうということだ。

私たちは、一度「これはこういうものだ」と思ってしまうと、その観念からなかなか抜け出せない。そこから抜け出せなければ、新たな発想、アイディアなどは、なかなか生み出せないのだ。

「想像的な変更」で思い込みから自由になる

「もし～であれば」のように、「これをこんなふうに変えてみたらどうだろう」と考えることもアイディア出しの有効な方法である。

「もし、これがなくなったらどうだろうか」「これがあったらどうだろうか」と、想像の世界でどんどん変更を加えてみる。すると本質が見えてきやすい。これがフッサールの使った「想像的な変更」という技法である。

「机とは果たして何をもって机というのか」というように考えてみる。ふつうは、机は四本の脚で立っている。それは常識であるが、思い込みでもある。

机といっても、脚が五本であっても六本であってもよいはずだ。一般には四本がシンプルで安定しているから、そういう机が多いわけである。中心に一本の軸があって、それで安定していれば、それでも机といえる。

あるいは、「子ども用のゲームを高齢者用のゲームにしたらどうだろうか」と考えてみる。高齢者はふつうはゲームをやらないだろうが、「もしやってみたらどうだろう」と考えてみるのだ。

映画などで、主人公が男で設定してあるが、これを女に変えたらどうなるだろうかと考えてみるのもよいだろう。主人公が変わることによって、物語の展開がどう変わるか、想像してみるのだ。

たとえば、西尾維新《にしおいしん》著の『DEATH NOTE　アナザーノート　ロサンゼルスBB連続殺人事件』（集英社）は、『デスノート』のキャラクターや設定を生かしつつも、主人公を世界的探偵L（エル）と、恋人を殺された南空《みそら》ナオミに変えて別のストーリーを創作したものだ。

このように、設定を変えることによって物語の展開は変わってくる。だから、いまある条件というのを絶対のものとして見ないで、それを組み替えてみる。

ペットボトルの形にしても、いまのような形ではなく、「こう曲げたらどうだろう」などと、想像力の世界でどんどん違うものを組み立ててみる。

そうすると、それがきっかけとなって他のアイディアが生まれるということがある。ある条件を変えると、他のことまで連鎖していろいろなことが変わってくる。

「瓢箪《ひょうたん》から駒《こま》」のように、ふとした偶然から、いいアイディアが舞い降りるということを意識的に行うのだ。想像力でいろいろな条件を変更していき、その変化を考える

うちにアイディアが湧《わ》いてくることがある。
　すると、その設定自体はリアルなものではないとしても、そこから出てきた「瓢箪から駒」的アイディアは使えるということもある。
「もしこうだったら……」「これが無かったとしたら……」「これがこうであったら……」というように、連鎖していろいろ考えるための刺激剤として「もし」を使ってみるのだ。
　それだけでも、かなり発想が自由になり、考える力の基礎をつくることができるはずだ。

2 「具体と抽象を往復する力」を養う

抽象的な文を具体的に説明できるか

東大の国語の入試問題を分析したことがある。よくある設問は、難解な文章に傍線が引っ張ってあって、その部分を「わかりやすく説明せよ」というものだ。

抽象度の高い文章を読んで、その内容をだれでもがわかる言葉に置き換え、具体性をもって説明することができれば、その文章がよくわかっているということだ。逆に、説明できなければ、文章を読むことはできても、理解していないということになる。

受験生の理解力を判定するために、こういった問題を出すのである。

非常に知的な文章を、小学生や中学生にはっきりとわかるような形で説明できれば、その文章を本当にわかっているということになる。

　そのときには、具体例が重要になる。

　入試問題の解答では具体例を多くは挙げていられないが、ふつうに説明するときには、**「〜ということは、たとえばこういうことである」という説明ができる人というのは、よくわかっている。それは自分の頭で考えることができているという証明になる。**

　具体例を出し、それがまったく見当はずれであれば、解答としては不正解となるが、抽象度の高い言葉をもう一回抽象度の高い言葉で置き換えているだけの解答よりは好感が持てる。

　具体的であれば、それがあっているか、間違っているかは一目瞭然だ。ところが、解答が抽象的に書いてあると、曖昧模糊《あいまいもこ》としているので、即座に間違っているともいえないということがある。それは私からいわせると、腰の引けた解答だ。

　解答の中で、いちばん未熟な例は、内容がつかめておらず、何も書けずに、空欄のままというものだ。これは、脳が止まってしまった状態を示している。選択式問題だと解けるが、記述問題となると、もう身動きが取れなくなってしまう人だ。

言葉を抽象的なものから具体的なものへ変換する力がないので、自分の言葉に直せないのだ。

次に未熟な人は、自分の言葉で書きすぎてしまっていて、元の文章とあまりに意味が違いすぎてしまうタイプだ。

また、文章の中から、言葉をいくつか抜き出して再構成しているような解答がある。こうした解答作成法は、予備校などで教えられることが多いようだ。予備校がつくる模範解答は間違わないことが大事だから、そのような形になるのだろう。

そういった模範解答を見ると、やはり腰が引けているので、私なら、満点にはできない。「わかりやすく説明せよ」「自分の言葉で説明せよ」と問題を出されているにもかかわらず、その要求を満たしていないからだ。

抽象度が高い元の文章の難易度のレベルが一〇だとすると、それをやさしくして五~三程度に落とすことが求められているのだ。一まで落とせば小学生でもわかるレベルになる。せめて五ぐらいに落としてほしいのに、一〇の中の言葉を組み合わせて、一見別の文章をつくったように見せても、抽象度に関しては一〇のままでは、要求に応えているとはいえないだろう。

『新明解国語辞典』（三省堂／第三版）より
見坊豪紀・金田一春彦・柴田武・山田忠雄・金田一京助 編

れんあい【恋愛】―特定の異性に特別の愛情をいだいて、二人だけで一緒に居たい、出来るなら合体したいという気持ちを持ちながら、それが、常にはかなえられないで、ひどく心を苦しめる（まれにかなえられて歓喜する）状態

じっしゃかい【実社会】―実際の社会。〔美化・様式化されたものとは違って複雑で、虚偽と欺瞞（ギマン）とが充満し、毎日が試練の連続であると言える、きびしい社会を指す〕

ぼんじん【凡人】―自らを高める努力を怠ったり功名心を持ち合わせなかったりして、他に対する影響力が皆無のまま一生を終える人。〔マイホーム主義から脱することの出来ない大多数の庶民の意にも用いられる〕

よのなか【世の中】―（一）同時代に属する広域を、複雑な人間模様が織り成すものととらえた語。愛し合う人と憎み合う人、成功者と失意・不遇の人とが構造上同居し、常に矛盾に満ちながら、一方には持ちつ持たれつの関係にある世間。「物騒な―・―（＝現世）がいやになる」（二）時代。「実力の―」

はっきりした間違いをおかさないように安全運転をしているつもりでも、腰の引けた解答では、「これでは、一生勝てないよ」「一生考える力はつかないよ」と言いたくなる。

その解答を書いている人間が完璧《かんぺき》にわかっていることが、採点する側に明確に伝わらなければならない。

一時期、『新明解国語辞典』が話題になった。あれほど人気が出たのは、監修者の主観が出るような独特の具体例が面白かったからだ。主観を出すことで、物事をクリアに説明できることを知っている人だと思う。

ただし、主観的な具体例を出せば出す

ほど、「それは違うだろう」と言われる可能性は高くなる。もし、それが見当はずれになってしまったら痛い。それでもあえて踏み込むという態度は潔《いさぎよ》い。**自分の言葉で説明し、痛い目にあうことを繰り返していくことで、考える基本練習ができる。**

たとえば話しているときでも、「それはこういうことですか」と、自分の考えた具体例を挙げる。たとえ間違ってもいい。例を挙げることができると、何とか自分の頭で考えて理解しようとしていることが相手に伝わる。

抽象的な言葉は「考える道具」

抽象的な言葉を操る訓練も、考える力を養う上では大切である。**私たちは概念を獲得することによって思考が高度になってきた。だから、日常用語だけですべてを考えようとすると、どうしても無理が出てくる。**

抽象的な言葉といえば、外来語がどんどんビジネスシーンに出てくるようになっている。たとえば、「コンセプト」という言葉だ。「コンセプトがはっきりしないな」「コンセプトが出ませんね」などと使っているが、それはネーミングのことなのか、それとも狙《ねら》いのことなのか、最終ヴィジョンの具体的なイメージのことなのか、よくわからずに使われていることも多い。

本来、コンセプトとは「中心理念」「概念」などのことだ。「コンセプト」とは、ラテン語がもとであり、ヨーロッパの文化の中では明確なイメージを持っている言葉だ。それを「概念」といってしまうとややニュアンスがズレてしまい、企画を考えるときなどには、いよいよ不明確になってしまう。

それで、「コンセプト」のまま使っているのだ。『広辞苑』には「概念」のほかに、「企画・広告などで、全体を貫く統一的な視点や考え方」と出ているが、いちいち、そんなふうに言い換えていては非常に煩《わずら》わしい。

しかし、「コンセプト」の意味をしっかり把握《はあく》して、「コンセプト」をはっきり打ち出せる人はリーダーになれる。「コンセプト」をはっきりさせると、仕事がうまくいくことを知っているからだ。

このように、つねに日本人は、中国語や英語など外来語を翻訳しながら、うまく思考の道具を手に入れてきた。抽象的な言葉を獲得することによって、考える道具立てをふやしてきたのである。

抽象的な言葉やカタカナ語を使う場合に注意しなければならないことがある。その人が本当に自分の頭で考えることができていなくても、一応、知的であるかのように見せることができるからだ。いっぱしのことをいっているように見えて、内容が空疎《くうそ》だということもある。そういう人はたくさんいる。

どんなに抽象度の高い言葉を使えても、新たなアイディアが出ないとなると、結局、考えることができていないということになる。

「概念」とは何か

抽象的な言葉を道具としてうまく使うことができると、かなり考える力がついているといえる。

ただし、抽象的な言葉を、ものごとを切る包丁のように自在に使いこなせるようになるためには、それが自分の手にしっくりなじんでくるまで鍛えなければならない。具体的な例を挙げて説明できなければならない。

たとえば、「概念」という言葉を説明しようとするとかなりむずかしい。課題として学生に出したことがあるが、わけがわからない説明が多くて、ほとんどの人は混乱していた。

辞書を引いてみればわかるが、どの辞書も「内包」と「外延」といった哲学用語を使っていて、何をいっているのかさっぱりわからない。『広辞苑』にはこのほかに、「大まかな意味内容」と出ているが、これならイメージできる。

それでは、「概念」という言葉についてどう考えるか。まず辞書を引いても、ちんぷんかんぷんで、それ以上一歩も進まないという感じになる。

「概念とは何か」と問うと、それをまたむずかしい言葉で説明することになるので、ちょっと角度を変えて、「概念を獲得する」ことの例を考えてみよう。

「新しい概念を獲得する」「新しい概念を手に入れる」となると、少しイメージが湧いてくるだろう。

竹村健一氏と対談した際、氏からセレンディピティ（serendipity）という言葉が、科学の世界でもビジネスの世界でも大切だというお話をうかがった。掘り出し物を見つける才能のことだが、単なるラッキーとは違う。この言葉を自分の経験と照らし合わせて納得して、仕事に活かせれば、概念を一つ獲得したことになる。

例はほかにもある。

「青春」という言葉が概念として共有された時代があった。明治・大正期を通じて、青春や友情といった概念が日本人にとって重要な位置を占めるようになった。「青春」がいまのように美化され、拡大されるようになったのは、いまだに「老いてなお青春だ」などと主張するような団塊の世代が若い時代に、「青春概念ブーム」のようなものがあったからだろう。

また、**一九六〇年代には、「実存」という概念が一つのブームになった。**あるいは「自由」「平等」という概念が潮流になった時代もあった。フランス革命以降の近代の市民社会をつくるときには、その概念が歴史を動かしたのだ。

またあるいは、**日本の武士社会や、高度成長期の会社社会で、「滅私《めっし》奉公《ほうこう》」が概念として中心にあった時代もある。**

日本文化の特徴といわれる、「もののあわれ」も、江戸時代の学者・本居宣長《もとおりのりなが》が概念化した言葉だ。宣長は、日本的なるものとして「もののあわれ」というものが非常に重要だと提示した。すると『源氏物語』だけでなく、いろいろなものを見ても、みんな「もののあわれ、だな」と見えてきたりする。

桜を見たからといってどの民族でも「もののあわれ」を感じるとは限らない。しかし、宣長が「もののあわれ」という言葉を概念化してくれたおかげで、私たちはいまでも「もののあわれ」という見方で、桜を見るだけでなく、いろんなものを見ることができるわけである。

「わび・さび」ということも、松尾芭蕉《ばしょう》やその弟子である蕉門《しょうもん》を中心とする俳人たちが概念化したおかげで、いま私たちは、「この苔《こけ》むした岩はよいね。わびだね」などと見ることができるわけだ。しかし、そんなことを知らない人が見たら、苔を汚れとして、掃除してしまおうと思うかもしれない。そういう観点で見るような感性自体も概念によって磨かれ、確立されてきたものなのである。

概念というものを獲得する以前と以降では、ものの見方や感覚が違ってくる。それまで曖昧《あいまい》で朦朧《もうろう》としていたものが、その概念を獲得することによってクリアに見えてくる。つまり、概念を獲得すれば、はっきりとした対象としてつかまえることができるようになるのだ。

このように、概念を抽象的な段階から具体的なところにまで落とし込んで、使いこなせるようになると、さまざまな現象を理解できるようになるし、自分の感情をクリアに見ることもできるようになる。考える力の幅も深さもかなりついてくる。

「概念化」によってものごとが見えてくる

私たちは、日常的に「ストレス」という言葉を使っている。「ストレスがかかっている」とか「ストレスがたまってきたね」などと言う。

この「ストレス」は二〇世紀になって非常に広まった概念だが、それ以前の人たちにストレスがなかったのかというと、そうではない。ビクトリア朝時代の女性たちはヒステリーをよく起こしたといわれるように、かなり社会的な抑圧があったわけだ。しかし、その時代はストレスとはいわなかった。そういう言葉、そういう概念がなかったからである。

あるいは江戸時代の武士社会は、身分制度がきつく、時には切腹しなければならないところまで追いつめられるのだから、現代から見れば、超ストレス社会だったかもしれない。あるいは戦国時代で、明日は自分が殺されるかもしれないとなれば、それも超ストレス社会だろう。

しかし、その時代に人々の間で、「ストレスがたまって、精神的にもうヤバイんだ」などという会話が交わされたわけではない。

また江戸時代には、「お伊勢参り」が流行《はや》って、突然伊勢参りに行ってしまうといった集団ヒステリー状態のようなことが起こった。もちろん、当時はストレスもヒステリーという言葉もなかったが、実際には、ストレスがたまって爆発して、突然「お伊勢さんに行って参ります」といって出て行く。お伊勢さんに行くのはだれも止められなかったという。「お伊勢参り」や江戸末期に起こった「ええじゃないか」を、ストレスの解放の一つの手段だったと見る見方は、「ストレス」という概念があるからこそできる。

現在、私たちはストレスという言葉があることで、惑わされもする。だが、「ストレスがたまっているから、こういうことをいい出すんだ」などと、人や自分の状態を理解する一助にもなっている。

「ストレス」という言葉が概念として定着したことの成果である。

このようにして認識というのは進化していく。朦朧としていたものが「ストレス」という言葉でいわれると、「あぁ、わかる、わかる」となって、クリアに見えてくるのだ。

最近の例を挙げると、歌手の倖田來未《こうだくみ》が出てきたとき、おじさんやおばさんは、

「なぜこんなに肌を露出した衣装を着ているんだ？」とか「どうして歌いながら、腰を振っているんだ」などと違和感を覚えたかもしれない。

しかし、若い人からはじまって「倖田來未っていいじゃないか」と、人気が広がっていくと、最初は「なんじゃ、こりゃ」のようにいっていた人たちも、「悪くないじゃないの」となり、だんだん認知されていく。

そこでだれかが「エロかっこいい」とネーミングして、「エロかっこいいねぇ……あぁそういわれてみると」みたいに、その言葉も認知されて広がっていく。もともと「エロ」というのは、いやらしい感じで、「かっこいい」とは両立しなかった言葉である。それにもかかわらずだ。

彼女の動きは、その二つを結び合わせたわけである。それが「エロかっこいい」となり、やがて「エロかっこいい」という概念が生まれた。すると、今度は他のものを見ても「これは『エロかっこいい』ね」と表現したりするようになっていく。

ここから、「エロかわいい」「エロかわいそう」といった表現が派生してくる。ワインの味と同じで、微妙な差異をはっきり言葉として区別することで、新しい意味が生まれてくる。

概念化していくことで、違和感のあるものが「あぁこれなんだ」とわかってくる。ものが見えてくる。

「逆説的」に考えてみる

よく現代国語などで出てくる問題に、「これは逆説的な思考だが」「逆説的だが」といった言葉が出てくる。読んでいるときには、ただ「逆なんだな」と思って読んでしまうが、ただ逆という意味ではない。

「逆説的」とは、一般的にいわれている本当だと思われていることに対して逆のことをいっているが、それが真理を突いているケースのことだ。『広辞苑』には「普通とは逆の方向から真実を述べるさま」と出ている。つまり、真理を突いていない、ただ逆をいっているということとは意味が違う。

たとえば、学生に、「きちんと〈逆説的〉ということを説明してみなさい」という課題を出すと、うまくできない人も多い。うまい説明とは、「逆説的」という言葉に関しては、もうこれでわかったから誤解はしないと思わせることができるかどうかだ。

そこで考える力があるかないかが問われる。

「逆説的」という言葉は辞書で調べれば出てくる。それをわかった上で、どういうことかをもっとわかりやすく人に説明するためには、具体例が必要だ。それは「逆説的」という言葉が似合うような事態を自分の知っている範囲から拾ってくることができるかどうかにかかってくる。

「逆説的」というキーワードの網をもって、自分の頭の中をザーッとすくう。「逆説的なものってあったかな」と、考えてみるわけである。

そのときに、知識がまったくないと苦しい。自分の経験の中から探すしかない。自分の経験の中から探すと、「勝つと思うな、思えば負けよ」ぐらいしか思いつかない。勝つと思うと負けるのだから、たしかに間違いではない。

知識があると、「日本でいちばん有名な逆説表現は?」という課題にも答えることができる。たとえば親鸞《しんらん》の「悪人正機説《あくにんしょうきせつ》」の「善人なおもて往生をとぐ、いわんや悪人をや」(善人が極楽往生できるのだから、悪人はいわずもがな、当然極楽に行けるのだ)を思いつくこともできるだろう。

はじめて聞いた人のほとんどは、「ふつうは善人の方がより極楽に行きやすいだろう。逆じゃないの?」と思う。ところがそこに深い真実がある。

あるいはイエス・キリストの教えには逆説的表現が非常に多い。

「右の頬《ほお》を打たれたら、左の頬を出せ」とか「貧しき者は幸いなり」と聞くと、一瞬逆じゃないかと思うだろう。

なぜ逆説的な表現を使うかというと、聞いている人に「え、ウソ!」という感じを一瞬与えて、「それで何なんだ」と、聞く人を強くひきつけることができるからだ。さらにその意味するところを聞いていくと、「そうだったんだ……」と認識が変わるわけだ。

逆説的とは、「パラドキシカル（paradoxical）」という言葉の訳語だ。「逆説的」という概念を持つことによって、それを技術として使えるのだ。

親鸞の時代では、「逆説」という言葉もなく、自分自身の表現を逆説的とはいっていないが、それでも技術としては使っている。

逆説的ということが具体的なイメージを伴ってわかるようになれば、たとえば、「イチローも、そういう逆説的表現を使っているな」と気づいたりする。

たとえば「ぼくは天才ではありません。なぜかというと自分がどうしてヒットを打てるかを説明できるからです」などという表現をする。そういわれると「えっ、そうか……」と、聞く方は一瞬混乱する。しかしよく考えてみれば、「説明できることこそ天才だろう」と、なる。

このように、「逆説的」という概念を知ることで、同様の効果的な表現が目に入ってくるようになる。

「逆説的」という概念を私たちが持つことによって、他のことが見えてきたりする。つながらないものがつながってくるようになるのだ。

「抽象と具体の往復」でトレーニング

いま、例に挙げてきたように、アイディアに結びつくような「考える力」の基本は、**抽象化する方向と具体化する方向の間を自在に行き来できるようになることだ。**

ある事柄があったとき、それをワンランク抽象度の高い概念に一度もっていく。その抽象度の高い概念によって、飛行機で上から見下ろす感覚でものごとを見た後にもう一回具体的なものに下ろすという作業を行う。その上り下りの自在さが「考える」という作業においては非常に大事なのだ。

ルネッサンスの万能の天才、レオナルド・ダ・ヴィンチは、抽象と具体を自在に行き来した。彼はヘリコプターなどの新発明から、名画「モナ・リザ」のベースになる人間の手まで、さまざまな分野で五〇〇〇点にも及ぶ膨大なデッサンを残している。デッサンすることで物事の本質をつかみ、さらにそれを実際の絵画に活かしたのだ。

「運動はあらゆる生命の源である」（『レオナルド・ダ・ヴィンチの手記 下』杉浦明平訳／岩波文庫）という確信をもとにして、水や風の流れ、物体の落下などの具体的なものを徹底して研究し、抽象的なレベル――つまりその本質や法則をつかんで、また具体的な絵に落とし込んでいったのだ。

このように「概念」という言葉がはっきりとわかると、その後、いろいろな折に「概念」という言葉を見たり聞いたりしても、「こういうことなんだ」という理解が進むことになる。

抽象と具体の間の橋をいつも往復していくということをつねに意識していれば、非常によい考えるトレーニングになる。

ひらめき型の人の脳は、抽象と具体を自在に往復できるように活動しているといえる。

3――「こじつけ力」をつける

つながりそうにないものが、つながっている

全然違うものを見て、これはこれとつながると思ったとき、そういう直感があったときには、すでにある種の抽象的レベルではそれがつながっているはずだ。現象としては全然違うものが「あぁ、これは……」と思えるようなつながり感が非常に大事である。**つながりそうもないものがつながってくるのが、「考える力」を上げる非常に重要なポイントである。**

それは、そんなにむずかしいことをしているわけではない。

抽象化するときに、「日本人というのは……」「女というのは……」というような、ごく一般的、抽象的なものだけでは限界がある。それでは一般論をいっているにすぎない。

たとえば、ある現象を見て、「ボックス化」「ミニ化」などのように、「〜化している」というような、変換のルールを見抜くことだ。これを、また別の事柄に適用して見ていくようにする。それが、つなげて考えられるということだ。

自分の脳の中でも、つながっていないものがつながった瞬間には、「つながった快感」のようなものが必ずあるはずだ。それをまず覚えるようにすることだ。

全部がバラバラで、わけがわからないときには、なかなか快感は湧いてこない。「あぁそうか……」という気づきは、いままでもやもやしていたものと何かがつながってわかったときだ。

うまくいったアイディアはつながっていないものがつながって成り立っている。だから、他の人がその考えた成果を聞くと「あぁ……」と、聞いた人の脳の中でも新しいつながりができる。

人類は、そうしたことを延々とやってきて、新しい概念をつくり続けてきたのだ。

私の場合、意識して「〜力」をつける。それは「力」をつけることによって、それを明確に意識するためである。

たとえば『ドラえもん』を見ていて、どうしてこんなふうにストーリーが進むのかなと見ていくと、のび太がやたらと失言して、その失言がきっかけになっていると気づく。それをふつうは「失言癖がある」と言うのだろうが、私はあえて「失言力がある」と言う。

たとえばのび太がスネ夫に向かって、自分はそれを持っていないのに、「僕も持っている」と言ってしまう。それによって、ドラえもんが「しょうがないな、のび太くんは」と諭《さと》しながらも、つい甘くつき合って、それを出してやったりする。「失言力」と名づけると、それが「力」に見えてくる。

『天才バカボン』については、私は「なのだ力（断定力）」と名づけた。バカボンのパパは「〜なのだ」と言って自分の考えを断定して、次から次へと進んでいくので、スピード感がある。他の人が迷っている間に、バカボンのパパはどんどん先に行っている。だから元気で天才なのだという感じになる。

このように、何でも「力」をつけてこじつけてみると、それなりに「力」として見えてくる。

「ほかの人が考えるようには考えない」を基本に

「対話力」などのように、当たり前のものに「力」をつけてもあまり面白くない。つけてもかまわないが、新しいアイディアには結びつきにくい。

「これとこれがどうしてくっつくの？」「どうしてこれが力なの？」のようなものが面白いのだ。たとえば「逃避力」のようなものがあるとして、「逃避」と「力」など、ふつうはつながらないだろうと考えるだろう。それを**あえてつなげる「無理やり感」が、考える起爆力になる。**

そのような力をつけるには、**「ほかの人が考えるようには絶対に考えない」が基本である。他の人にとっては違和感のあるような見方を大事にするのだ。**

「一般的には」とか「ふつうの人はそう考える」というような考え方があるとする。それを知らなければ困るが、それを前提にしながらも、それとは違う角度で考えていくことが重要である。必ずアプローチを変えることだ。

しかも、それが的外れではなく、本質を突いている必要がある。まずはつねにちょっと角度を変えてみる。

違和感をベースにしたつなぎ方を意識する。つながっていないものをつないでいくとき、二つの言葉をつなげるのでもよいが、さらに三つをつなげると動きが出てくる。落語の三題噺《さんだいばなし》（観客から三つの題材を提供してもらい、それらをすべて使ってその場で創り演じる落語）のように、無理やりつなげて何とか話にしてしまうといったことを訓練してみるとよい。

そうしたアイディア力がないと、いまは就職もむずかしいのではないか。面接で、みんなと受け答えが同じでは、まともな人間だという証明にはなるが、それだけでは採用されるのはちょっと厳しい。

ふつうは、変なことを言う人は、的をはずしていることが多い。しかし、的は射ているけれども角度が変わっている、全然違う所から矢が突き刺さってきたとなると、面接官は「あっ」と思う。そのときに初めて採用への道が拓《ひら》ける。

だから、まずは的をはずさないことが大事だが、はじめに考えついたことが、他の人が言うであろうことだと想定できたら、それをずらそうと試みることだ。

ふつうの状態をまず設定して、「ふつうの考えだとこう考える」を踏まえる。しかし、それだけは絶対に言わないという強い覚悟を持つことだ。それが「クリエイティ

ブに考える」ということの第一歩である。

「無理矢理アナロジー」が新発想を生む

勉強すること、仕事をすること、遊ぶことを重ね合わせると、考える力を伸ばしやすい。そのためには、仕事の局面に、自分の好きな遊びを当てはめて考えるのが有効だ。

考える作業とは、つながりを見つけることであるが、それは「何かと何かが似ている」と気づくことである。ただ、共通項を探すだけではなく、一歩進めて、「これとこれが似ている」と、無理矢理似せて考えるのは非常に効く技だ。

本当に機械的な仕事というのもあるが、考えることができればそこから脱することができる。麻雀《マージャン》のときに使っている頭、競馬予想で使っている頭、将棋を指すときに使っている頭の働き方を、仕事や勉強に持ち込むのだ。

「これは競馬で言うと……」「これは麻雀で言うと……」などと、自分の好きな遊びの状況に当てはめて考える。『巨人の星』の星飛雄馬は恋愛の状況においてでも、好きな日高美奈さんに「君には九回裏二死満塁の切迫感がある」などというアナロジー

（類推）で愛を表現する。

こんなふうに、あらゆることをアナロジーで考える。無理矢理に当てはめていく「無理矢理アナロジー」だ。それ自体は他の人にとっては大した意味を持たないが、当人にとってはリアルである。

自分がいちばんなじんでいて、いちばん興奮できること、それは遊びだろう。仕事に、その得意の遊びで心地よい興奮をもたらすものの類推を無理矢理当てはめて考えていく。

「無理矢理アナロジー」は、まったく新たな視野からものを見て考えるときに、とても有効だ。とにかく無理矢理に命題をつくってしまう。たとえば、かつて私は、「セクシュアリティとしての教育」という論文を書いたことがある。これは、教育とセックスをアナロジーとして徹底して考えていったものだ。例によって無視されたが、「教育は指圧マッサージである」という論文を書いたこともある。

一見まったく似ていないものを似ていると言い張る。そのように、無理矢理にこじつけることで、新しいコンセプトが出てくる。

もちろん、そうはいっても、自分の中にはどこか共通点があるという直感があるからくっつける。しかし、一般には、まったく似ていないものを似ていると主張し、納得させるためには、無理矢理な腕力——「こじつけ力」が必要だ。

「○○は××である」という命題を立ててから考える

無理矢理こじつけていくうちに新しいコンセプトが生まれる。そして、そのコンセプトを「○○は××である」と命題化してみよう。

フロイトでいえば、神経症という現象と、言い間違いという現象と、夢という現象をつなげている。これだって、ふつうの人には、そのつながりはわからないだろう。

私の場合には、指圧と教育とセックスという全然違うものを結びつけたわけだ。ふつうの人の観点から見ると遠いものを、「○○と××は同じだ」と言い切ってしまうことで、自分でも詳細をどうしても考えざるを得なくなる。

「○○は××である」という命題を立てると、考える推進力になる。そのように言い切ってしまった以上、その命題を証明する必要があるから、考える訓練になる。

「……は」というのは非常に便利な言葉で、「○○は××である」と言ったとき、それが完璧なイコールでなくてもいい。

たとえば「人は死する存在である」と言ったとき、別に死すべき運命にあるのは人間だけではない。人間は、別に死するところにだけ特徴があるわけではなく、もちろん他のいろいろなことに特徴がある。だが、そういうふうに「○○は××である」と命題を立ててしまうと、それを証明するためにはいったいどうしたらよいかと必死に考えざるを得なくなる。

私は、大学の授業でエッセイの書き方をやることがある。そのとき、学生に、まずタイトルを工夫させる。気を引くタイトルかどうか、タイトルだけでまず相互投票を行う。

練習として「○○は××である」という命題の形で、ふつうでは結びつかないような二つの事柄を、タイトルとして結びつけさせる。本文は、その直観的な判定を論証するものになる。

もちろん自分の中のどこかしらで「きっと結びついている」という直観があるから、タイトルとして選ぶわけだ。しかし、まだ自分の中で、それを完璧につなげるところまでは行っていない。書いているうちに「あぁ、ここでつながっているんだ！」といったアイディア、発見が生まれるのだ。

「歪んだレンズ」が独創性を生む

アイディアを出すとき、勘違いを利用することもできる。見間違い、聞き間違い、読み間違いといった、「誤解力」を活用するのだ。ふつうは、理解力が大事なのだが、**完璧に誤解しているところから、よいアイディアが出てくるというケースがある。**

たとえば、うろ覚えの曲を歌っているうちに、いつのまにか違うメロディを歌っていたということがある。これは耳も記憶力も悪いわけだが、そのおかげで作曲しているようなものだ。

つまり、自分でバイアスをかけて物事をとらえ、そのバイアスをうまく利用する手法である。

ものごとを見聞きするとき、偏《かたよ》って見たり聞いたり、理解してしまう癖がある人は、歪《ゆが》んだレンズで物を見ているようなものだ。しかし、その歪みを利用して他者との差異を生み出すこともできる。

たとえば、太宰治《だざいおさむ》は、尊大なる羞恥心《しゅうちしん》というものを持っていた。非常にプライドが高いのだが、それが自己嫌悪を伴う羞恥心とつながっている。そこから道化のような態度が出てくる。こうした歪みを意識的に拡大することによって太宰は彼独自の文学を生み出した。

太宰はふつうの人に比べるとかなり歪んだレンズを持っていた。そして、何を見ても歪んで見える、そのレンズを生涯磨き抜いて創作に活かした。

イエスと、彼を裏切って死なせてしまうユダの関係も、ふつうならばイエス側から見るところを、太宰治のレンズを通すと、ユダを主人公に書きたくなる。『駈込み訴え』（新潮文庫『走れメロス』所収）は、ユダがイエスを裏切って訴えたのを、ユダの側から書いている。ユダのイエスに対する愛憎の心理をこんなふうに書いている。

「あの人は、どうせ死ぬのだ。ほかの人の手で、下役《したやく》たちに引き渡すよりは、私が、それを為《な》そう。きょうまで私の、あの人に捧げた一すじなる愛情の、これが最後の挨拶だ。私の義務です。私があの人を売ってやる。つらい立場だ。誰がこの私のひたむきの愛の行為を、正当に理解してくれることか。いや、誰に理解されなくてもいいのだ。私の愛は純粋の愛だ。人に理解してもらう為の愛では無い。そんなさもしい愛では無いのだ。私は永遠に、人の憎しみを買うだろう。けれども、この純粋の愛の貪慾のまえには、どんな刑罰も、どんな地獄の業火も問題でない。私は私の生き方を生き抜く。身震いするほどに固く決意しました」

そして、イエスが「私を裏切る者がいる」という有名な「最後の晩餐《ばんさん》」の場面は次のように表現される。

「ひどく物憂そうな口調で言って、音無しく食事を始め、ふっと、『おまえたちのうちの、一人が、私を売る』と顔を伏せ、呻《うめ》くような、歔欷《きょき》なさるような苦しげの声で言い出したので、弟子たちすべて、のけぞらんばかりに驚き、一斉に席を蹴って立ち、あの人のまわりに集っておのおの、主よ、私のことですか、主よ、それは私のことですかと、罵《のの》り騒《し》ぎ、あの人は死ぬる人のように幽《かす》かに首を振り、『私がいま、その人に一つまみのパンを与えます。その人は、ずいぶん不仕合せな男なのです。ほんとうに、その人は、生れて来なかったほうが、よかった』と意外にはっきりした語調で言って、一つまみのパンをとり腕をのばし、あやまたず私の口にひたと押し当てました。私も、もうすでに度胸がついていたのだ。恥じるよりは憎んだ。あの人の今更ながらの意地悪さを憎んだ」

イエスから「生れて来なかったほうが、よかった」と言われるユダには、まさに太宰治自身が投影されているのだろう。

同じことでも、見え方が人によってまったく違う。そのバイアスが極端であるほど、独創的なものに結びつく力にもなりうる。

近年、『ユダの福音書』が発見され、公表されたが、その実像と太宰のユダは重なるところがある。自分の持っているコンプレックスやバイアスをうまく使いこなし、技とすることでリアリティに迫る道があるのだ。

言葉の力を使って発想を広げる

考えるきっかけとしては、無理矢理にネーミングしてみるという方法もある。私の場合は、すでに述べたように、とりあえず全部「……力」をつけてみる。

無理矢理にでもネーミングをしてみると、後の発想が、それに合わせて変わっていくことがある。ネーミングがうまくいくと、その後の展開がうまくいく。

英語を覚えるメソッドにしても、たとえばネーミングから入ってみる。「ウォーキングイングリッシュ」「シェイキングイングリッシュ」「メリハリイングリッシュ」「抑揚イングリッシュ」などと、何でも思いつくまま考えてみる。

すると名前を変えていくたびに、中身の方もちょっとずつ変わってくる。

ネーミングという表紙によって、イメージが湧くようになる。つまり、言葉のイメージに引きずられて発想が広がるのだ。

作家の池澤夏樹《いけざわなつき》氏が、「right」（権利）の訳し方を、いまのように「利用」の「利」ではなく、「理屈」の「理」を使って「権理」と訳していたほうが意味がはっきりわかったのではないかといったことを書いていた。

「英語なら『right（ライト）』、これは『権利』であるとともに『正しい』という意味の言葉です。しかし、『利』の字に正しいという意味はない。もしもこれが『権理』、『利益』の利でなく、『理屈』の『理』、『ことわり』という字を使っていたら、われわれは、権利を要求する時に、これほど物欲しげな、後ろめたい気持ちにならないで済んだんじゃないか」（『世界文学を読みほどく』池澤夏樹／新潮選書）

「利」という文字を使っているから、「権利を主張する」というと、どうしてもわれわれは利益を主張していて、欲張りな感じがして悪いことをしているように思ってしまう。理論や道理の「理」を使ったとしたら、それをいうこと自体も正当なことであることが明確になったのではないかというわけである。

名づけられてしまうと、その文字のイメージに縛られて、私たちが自分で自己規制してしまうわけだ。語感や言葉のイメージというのはたいへん強いものなので、そこにどうしてもイメージが引きずられていってしまう。

逆にいうと、その引きずられていくという性質を利用して、ネーミングに凝ってみるのだ。ちょっとした思いつきにも必ずネーミングをしてみる。何か思いついたら、必ずこれは「〇〇力」だというようにだ。

思いつきや考えにすべてネーミングを施していく。そして、そのネーミングのセンスを磨いていく。

たとえば、本を一冊書くことでも、最初にタイトルがうまく決まっているとすごくやりやすい。それはコンセプトが決まっているということで、方向性が決まってくるからだ。だから、次にどっちへ進んだらいいのか迷ったときに、羅針盤《らしんばん》になっていて、方向を見失わないですむ。

無理矢理にでもネーミングすることによって、言葉の力を引き出すことができる。たとえそのネーミングがバカバカしくても、それが考えるきっかけになればいいのだ。

ネーミングで力を得た人物として、ボクシングヘビー級チャンピオンのモハメド・アリがいる。有名な「チョウのように舞い、ハチのように刺す」というフレーズは、彼が、記者に作戦について問われたときの次のコメントから生まれた。

「俺は戦い方を見つけ出し、試合の数カ月前にみんなに発表してやっていたんだ。『蝶のように舞い、蜂のように刺す』って口にしていたのがその作戦さ」(『アレックス・ヘイリー　プレイボーイ・インタビューズ』マレー・フィッシャー編／住友進訳／中央アート出版社)

彼は最初の世界タイトルマッチでそれを実行し、ヘビー級ボクシングのスタイルを一変させた。アリはネーミングの力によって対戦相手に自分の強烈な印象を与え、実際以上に自分の力を引き出したといえる。偉大なチャンピオンは、言葉の力を最大限に活かしたボクサーだったのだ。

4――「偶然力」を活用する

「目の前で起こっていること」を思考の起爆剤に

いま考えていること、考えなければいけない持続的なテーマを並行的にいくつも持っているとする。そのテーマを手帳に書いて、いつも持ち歩いておく。つまり、同時並行的に、何を考えなければならないかを書き止めておくのだ。

これはいちばん基本的なことだ。何を考えなければいけないかを忘れていたら、当然考えられない。だから、それをまず書き出しておくのだ。

私の使う手帳は、左ページが一週間のスケジュール表、右ページが自由記述欄《らん》になっている。右ページの欄外の上の部分に、考えるべきテーマを書いておく。そのページはその考えるべきテーマだけについて書く。日付とは関係なく、ページごとにテーマを一つずつ、テーマが浮かぶごとにページを変える。

テーマを書いておくことがまず重要である。企画倒れのテーマがほとんどでもかまわない。テーマを立てることで、アンテナを立てておくことになる。考えるべきことをいつも一〇も二〇も並行的に持っているということが、考え続けるためには必要である。

喫茶店などに入ったら、手帳を広げて、そこにテーマに沿ったアイディアを書いていく。その際、その場であったこと、起こったことなどをきっかけにして、考えていくとよい。**「行き当たりばったり力」を使うのだ。**

そのとき、たまたま見たテレビ番組、CM、たまたま読んだ本、雑誌、たまたま聞いた話、見た情景など、新鮮なうちにネタに使うのである。

つまり、**その場で何か起こっていることを、自分の発想に組み込むわけである。**たまたまの出合いだが、「これも何かの縁」である。それが「いま考えているテーマにつながらないかな」と考えてみるのだ。

考えるためには、起爆剤が必要だ。その起爆剤としては、「いま目の前で起こって

いること」がいちばん適している。

そういう観点で見ると、行き当たりばったりのことが不思議と磁石のようにくっついてくることがある。

情報との「出合い頭」が勝負

先に「セレンディピティ（serendipity）」という言葉について触れたが（103ページ）、これはアイディアを活かすために有効な概念である。言葉の意味は、「予期せぬ掘り出し物」「掘り出し物上手」「偶然の発見」などで、幸運な出合いが偶然やってくる現象のことだ。

「あの人にはなぜか、幸運な出合いが多い」と思われる人がいる。そういう人は、幸運な出合いをどんどん磁石のように引き寄せているのだ。幸運な出合いを受け取るアンテナをしっかりと張っているのだ。

たとえば、「セレンディピティ」という言葉自体に、自分でアンテナを張れば、新聞や雑誌、あるいはテレビなどでも、「セレンディピティ」という言葉が、「ここにもある……どうしていままで見落としていたんだろう」というくらい、目に入るようになる。それは、急に出てきたわけではなく、それまでは目に入らなかっただけなのだ。つまり、偶然のいい出合いを多くするためには、自分にアンテナの用意が必要だということでもある。

そうしたアンテナを持てば、雑誌には考える力を高めるいい活用法がある。雑誌はいまの時代を反映しているので、パラパラめくっているだけでも、「こういうキーワードがあるんだな」と見ていくことができる。それが目にとまるようになると、現在進行形で起こっていることの刺激を受け入れることができるようになる。そういう刺激が、自分のテーマの起爆剤になる。

いま見た映画、いま見たドラマ、いま見ている雑誌、見ている新聞、いま会っている人の話というように、その「いま」が大事なのだ。

いわば出合い頭《がしら》での発想が重要なのだ。じっくり発酵させるように考えることは、一つのテーマをじっくり追究する研究者に向いているが、ふつうの人は、みんな忙しい中で、さまざまなテーマを考える。だから、出合い頭的に、出合いの中からアイディアを引っ張り出せないかと、いつも準備しておくことが必要になる。

雑誌を一冊読んだら、無理矢理一個アイディアを出すというようにすればいい。そういう気持ちで雑誌を読む習慣がつけば、これは基本的にはむずかしくない。

学生に、たとえば何か考えるテーマを与えて、「それに関係するものを、この雑誌三冊の中から、三〇分間で、とにかく一個見つけてみろ」という課題を出すと、必ず見つけられるものだ。

意識をその方向にセットして見ていけば、必ず何かがつながるのだ。しかし、つなげようという気持ちがないと、雑誌を読んでも、ただの暇つぶしになってしまう。

雑誌を読んだり、テレビを見たりしている時間は、たいていの人にとっては暇つぶしだ。頭を休める時間と考える時間を分けているからだ。

頭を休ませていては、アイディアにつなげる出合いはできない。一〇～二〇のテーマを手帳などに書き出しておいて、つねに同時並行的に考える習慣をつけておく。そのような準備ができていれば、さまざまな情報に触れたとき、出合い頭的にアイディアを生むことができる。

5 ――「先達の技」を盗む

天才の「メイキング」に注目する

私は、映画の本編より、メイキングの話やビデオを見るのが好きだ。

たとえば、『もののけ姫』を見て、感動することはもちろんあるが、メイキングビデオの方を熱心に見て、アニメの一つの場面をつくるのにこんな工夫をしているのかなどという刺激を受けるからだ。

私は実際にアニメをつくるわけでもなく、アニメが生き甲斐《がい》なわけでもない。だから、作品から直接影響を受けるより、メイキングの中にある技や工夫を自分に適用するのだ。

私が「齋藤孝の天才伝」シリーズ（大和書房刊）を書いた理由は、天才は、産み出した作品や業績も偉大だが、それを産み出すメイキングの部分に大変な工夫があり、才能があるからだ。ものをつくっていくときに工夫をしていく、その工夫が際立っているからこそ天才だともいえる。その工夫がわれわれ凡人にとっても非常に参考になるのだ。

天才の技などというと、とてもわれわれには真似などできないと思いがちだ。しかし実際は、天才の方が技を真似しやすいのだ。

天才は、とてもよく自分の仕事について考えており、そうして編み出された技は、とてもクリアで、効率的で、しかも、成果が大きいことは実証ずみだ。天才はそういう技をたくさん持っているから天才なのだが、私たちでも、その中のいくつかを学ぶことはできる。

自分が空海のような宗教家、レオナルド・ダ・ヴィンチのような画家、モーツァルトのような音楽家になるわけではないとしても、彼らがそのジャンルで工夫した、その工夫の仕方自体は、私たちが、勉強や仕事や人生の技として使うことができるのだ。

天才の専門分野は絵画、音楽、文学などの芸術から科学、スポーツとさまざまだが、対象が違うだけで、メイキングのレベルにおいては、とても似ている。

分野にとらわれないで、メイキングレベルでものを見ていく。そういう意味では、天才の伝記は非常に有用である。

伝記というと、子どものころに読むものと思われているが、欧米では、大人の読むしっかりした本というのが一般的である。しっかりした伝記は、多くのページをメイキング部分、どうやって偉大な業績をなしたのか、どう工夫してつくったのかに割《さ》かれている。

伝記を読むと、天才たちの苦労や工夫が、自分が考えるためのヒントになる。また、「天才のあの人でさえも、あれだけ考えたんだから、自分も考えなきゃ」などと、考えるエネルギーをもらうことにもなる。そうした考えるパッション、モチベーションをもらうことも重要だ。

メイキングの観点から伝記をしっかり読むことをおすすめする。天才の工夫は真似できる、取り入れることができる、という発想が必要なのだ。天才がどう生き、どう死んだかという一生も面白いが、大切なのは、その人がどれほど考え、工夫して、天才といわれるほどの仕事をしたのか、なのだ。

その方法論は天才ほどクリアだ。その意識的で多様な工夫を、私たちは大いに取り入れることができる。

考えるための「座右の書」を用意する

考えるときには、「何かを基本にする」という方法がある。たとえば、すべてを『論語』を元にして考えてみる。明治時代に、日本の資本主義の基礎を築いた渋沢栄《しぶさわえい》一《いち》は、『論語』を元にして経営論を考えている。

『論語』は基本的に商売を低く見ているので、内容としては、経営とは離れている。儒教思想では、「士農工商」のように、商業がいちばん低いという発想であり、商業的な利益優先な考え方は高くは評価されないからだ。

しかし、渋沢栄一は、日本に資本主義を構築するにあたって、論語的な考え方を心の支えにして応用している。

「私は常に士魂商才ということを唱道するのである。（中略）人間の世の中に立つには武士的精神の必要であることは無論であるが、しかし武士的精神のみに偏して商才というものがなければ、経済の上からも自滅を招くようになる、ゆえに士魂にして商才がなければならぬ、その士魂を養うには、書物という上からはたくさんあるけれども、やはり論語は最も士魂養成の根底となるものと思う、それならば商才はどうかというに、商才も論語において充分養えるというのである、（中略）その商才というものも、もともと道徳を以て根底としたものであって、道徳と離れた不道徳、欺瞞《ぎまん》、浮華、軽佻《けいちょう》の商才は、いわゆる小才子小悧口であって、決して真の商才ではない」（『論語と算盤』国書刊行会）

彼は『論語』を自分の「座右の書」として、何回も何十回も読み、あらゆる現実の現象を論語的観点で理解、解釈している。

資本主義におけるビジネスで成功するには、どういうことが必要かを考えるとき、彼は、『論語』を基本にすえた。現実を考えるときに、参考になり、応用できる無尽《むじん》蔵《ぞう》な宝庫だったわけだ。

『論語』以外にも、「座右の書」になりうる古典はいろいろあるだろう。

キリスト教徒ならば『聖書』がある。日本人の場合は、西洋人にとっての『聖書』

に匹敵するものはないので、渋沢栄一にとっての『論語』のような、「座右の書」になる自分の古典というものをいくつか用意しておくとよい。たとえば、世阿弥《ぜあみ》の『風《ふう》姿花伝《しかでん》』は上達論として奥深いし、『徒然草《つれづれぐさ》』は日々の気づきに役立つ。

そして、いつもそれに引きつけて考える。基本書の理解がどんどん進むようになると、応用もまたしやすくなる。

自分にとっての「先達」を三人決める

さらに自分にとっての「先達《せんだつ》」（指導者、案内者）を持つということも必要だ。『徒然草』の中に、「少しのことにも、先達はあらまほしき事なり」という文章がある。

「仁和寺《にんなじ》にある法師、年寄《としよ》るまで石清水《いはしみづ》を拝《をが》まざりければ、心うく覚《おぼ》えて、ある時思ひ立ちて、たゞひとり、徒歩《かち》より詣《まう》でけり。極楽寺《ごくらくじ》・高良《かうら》などを拝《をが》みて、かばかりと心得《こゝろえ》て帰りにけり。

さて、かたへの人にあひて、『年比《としごろ》思ひつること、果《はた》し侍《はんべ》りぬ。聞きしにも過《す》ぎて尊《たふと》くこそおはしけれ。そも、参《まゐ》りたる人ごとに山へ登りしは、何事かありけん、ゆかしかりしかど、神《かみ》へ参《まゐ》るこそ本意《ほんい》なれと思ひて、山までは見ず』とぞ言ひける。

少《すこ》しのことにも、先達《せんだつ》はあらまほしき事なり」（西尾実・安良岡康作校注／岩波文庫／第五十二段）

『徒然草』の中には、仁和寺の法師がよく出てくるが、その法師が石清水八幡宮に参拝しようとして一大決心をして参拝に出かけた。ところが、山の下の方の八幡宮付属の極楽寺、高良神社だけを拝んで、目的の山上の八幡宮を参らずに、「すごいものだった」と感心して帰ってきてしまったという話だ。

たくさんの人がさらに上に登って行ったので、「そこには何があったんだろうか」とちょっと疑問に思っただけである。実際は、上の方に石清水八幡宮があったわけである。そこで、先達に聞けば、きちんと行けてよかったのに、という話である。

この話を紹介して、作者の兼好《けんこう》は「少しのことにも、先達はあらまほしき事なり」と、「少しのことであっても、指導者はいたほうがいいのだ」といっているわけである。

自分にとっての先達を持つことがいかに大切かというわけだ。

考える作業自体、文化であり、学習して身につけることなので、自分にとっての先達を見つけられないと、なかなか進みにくい。先達の思考様式に影響を受けてやる方が進歩が早いし、間違えない。

たとえば、アインシュタインもニュートンを尊敬し、部屋に肖像画を置くほど影響を受けていたという。バルザックはナポレオンの像を自分の部屋に置いていた。仰ぎ見ることによって、先達の思考様式を身につけていく。真似をするために、彼らの本を読んだり、肖像画を飾ったりといったことをしながら影響を受け続けるようにした。

最終的にアインシュタインは、ニュートンの理論を乗り越え、ニュートンの影響を脱して新しい時代の物理学を構築したところに大きな業績があったわけだが、それでもニュートンの思考スタイル、研究スタイル、発想の大胆さなど、基本スタイルを真似していたのだ。

先達を持ち、その人のスタイルを分析しながら自分に影響をもたらすというやり方はかなり有効だ。

できれば先達は一人ではなく、三人持つといい。

一人に絞ってしまうと、その人物しか目に入らなくなってしまう恐れがある。**どんなに素晴らしい人物でも、それなりに偏りがある。先達を一本化すると、その先達を神格化しがちで、どうしても視野が狭くなる。**神格化しないためにも、三人いるとバランスがいい。三人であれば、それぞれ生き方や考え方がまったく違う。

さらにいえば、**三人の先達は固定しない方が視野は広くなる。私の場合は、三年ぐらいで入れ替えている。**三人すべてを一度に入れ替えるのではなく、ある一人の人物を別の人物にという具合である。

いちばん熱い時期は過ぎたとしても、一度先達とした人は、ある時期徹底的に読み込み、研究しているので、すでに自分の中にしっかりとその考えなどがしみ込んでいる。だから、少しずつ入れ替えることで、自分を広げることができるのだ。

先達としてモデルにすべき人物は、自分が目指したい方向や、自分のスタイルによって、それぞれ違ってくる。自分の気質、癖、スタイルに合った人物をモデルにすればいい。

先達としては、すでに亡くなってしまっている人でもかまわない。実際に接して学ぶわけにはいかないが、その作品や生き方を通して学ぶことはいくらでもできる。

私の場合、そうした先達は数多くいる。たとえば、岡本太郎は、どの本を読んでも、いつも励まされる。たとえば「人生は積み重ねだと誰でも思っているようだ。ぼくは逆に、積みへらすべきだと思う」（『自分の中に毒を持て』青春出版社）などという言葉は、私自身、追い詰められて焦った状況にいるとき、「ああ、こうとらえればいいのだ」と気が楽になる。

ただ、**スタイルがあまりに違うと、思考方法も違ってくる。自分はだれを真似したらいいかを、間違えないようにしたい。**

たとえば、野球のバッティングでも、タイプがある。長嶋茂雄の発言だが、ピッチャーが投げるときの、脚を上げ腕を振りかぶるといったタイミングを読んで、どういう球種が来るのかを読み、それでタイミングを合わせて待つというタイプが、王貞治や松井秀喜であり、それに対して、イチローや長嶋自身は、来た球を反射的に打つタイプだという。

つまり、前者は、ピッチャーの投げるタイミングに合わせて型で打つタイプであり、後者は、ボールに対する野性的な反射能力で打つタイプだ。長嶋は、バッターは、この二つのタイプに大きく分けられ、この二タイプは別々のものだといっている。だから、松井が長嶋を先達としても、スタイルが合わないということになる。

自分にとっての先達とはだれなのか。その選択は、非常に重要なポイントになる。

6——「身体感覚とリンク」させる

体のセンスを研ぎ澄ます

考えるときには、体のセンスを研ぎ澄《す》ますことも必要である。

「これはなんか違うな」というとき、身体感覚として違和感を覚えることがあるのだ。カウンセリングの専門家のジェンドリン博士が、自分自身で心の実感に触れる方法として、開発した「フォーカシング」という技法がある。

「これは、からだの内部でのある特別な気づきに触れてゆく過程です。この気づきを**フェルトセンス**〔*a felt sense*—感じられた意味、意味ある感じ〕と呼びます。

フェルトセンスは通常、ただそのまま存在しているわけではありません。それは形づくっていくべきものなのです。つまり、あなたのからだの内側に注意を払うことによって、どうすればそれが生じてくるかを心得ていなければならないのです」（『フォーカシング』ユージン・T・ジェンドリン／村山正治他訳／福村出版）

これは、**身体の感覚を手がかりにして、自分の問題点を探っていく方法である。**つまり、言葉よりもむしろ身体感覚の方が、問題の本質をとらえている、身体の方が問題を先に感じ取っているというわけだ。

「これはちょっと違和感があるな」という感覚を大事にする。たとえば、まず胸の奥や腹の底など身体の中心部分にぼんやりと注意を向けながら、何か気がかりな感じ（フェルトセンス）が得られるのを、ゆっくりと待つ。

次に、その感じ――フェルトセンスにぴったりな言葉を探す。その言葉を「ハンドル」というが、その言葉が見つかったら、もう一度、フェルトセンスにぴったりかどうかを突きあわせて感じてみる。もし、違っているようならば、また、ぴったりくる言葉を探してといったことを繰り返す。

そして、気がかりな感じ——フェルトセンスと、その言葉——のハンドルがぴったりだという感覚をつかめれば解放感が得られる。

「まだ引っ掛かっている」感覚が大切

考える作業のときも、このように身体感覚を利用することができる。
たとえば、このネーミングでしっくりくる、いやこれはなんとなくしっくりこないということを、身体の感覚として、感じ取れるように訓練してみるのだ。その場合、頭というよりは、胸や腹に響く感じだろう。

「腑《ふ》に落ちない」「腹に据《す》えかねる」「胸に刻む」などという言葉があるが、これは身体感覚と結びついているのである。

実際、納得できると、「腑に落ちる」ように内臓が落ち着くような身体感覚がある。「腹に据えかねる」というと、怒りを、腹の中にしまえない感じだ。それを身体感覚として、大事にする。

考えるという作業において、身体感覚の実感を伴うようにもっていくのだ。

考えを練る、考えを掘り下げるなどといっても、実際の身体的行為があって、それを応用していく。「考える」は抽象的で、頭の中で行うことで、目に見えないので、それを身体的行為につねに置き換えてみる。

「考えを煮詰める」といったときに、煮詰めるというイメージがはっきりとある人とない人とでは、到達度がずいぶんと違ってくる。

あるいは「考えを練り上げる」というのも、「練る」という作業を具体的にイメージできる人は、「考えを練り上げる」ことが「考えを思いつく」ということとは全然違うことだと明確にわかる。

こうした身体感覚は子どもの頃から、遊びを通したり、いろんなことをトレーニングしたりする中で養われる。

繊細な研ぎ澄まされた身体感覚は、考える作業に直接的に役に立つ。

身体感覚を手がかりに考えない人は、ずれた感覚、違和感に気がつきにくい。「これでスッキリだ」という感覚に鈍感で、適当なレベルで、考えるのをやめてしまうところがある。

身体感覚を考えることと結びつけている人は、考えが完璧に腑に落ちるまではその作業を続けることができる。「まだ引っ掛かっている」という感覚は、人間にとって

重要な身体感覚である。

思考と身体をつなぐ「マッピング」

身体感覚を研ぎ澄ますためには、自分自身の感覚に問いかける練習をするとよい。違和感があるかどうか、このアイディアで大丈夫か、フィットしているかと、腹や胸に問いかけてみるのだ。そこで、どうも胸がすっきりと落ち着かないということになれば、ずれがあるわけだ。つまり、ずれの感覚からスタートする。

さらには、いま考えている先に何か出てきそうな予感があるかどうか。その予感を持てるように訓練する。つまり「これでよいのか」と問いかけてみるのだ。

身体的な感覚を助けるためには、考えていることをメモして、これを右にずらして、これを飛ばして、ここを削ぎ落として、ここに何かをくっつけて、などという考えを、マッピング（図化）するといい。

マッピングは、手作業である。身体を動かすことで、思考と身体感覚を結びつけることができるのだ。

考えることを料理をつくっていくようにしていくのだ。料理をするときには、頭の中で段取りを考えながら、実際に包丁で野菜を切ったり、それを煮たりという作業をしていく。それと同様に、考える作業に、手作業を持ち込むのだ。

私が考えるときには、大きな白紙にキーワードを書き出し抜いて、それをもとにして、いろいろな作業をする。脳内の作業を表に出すと同時に、考えることと身体感覚を結びつけているということでもある。キーワードをカードに書いて、それを手を動かしてグループ分けするという、ＫＪ法などの手法も、身体感覚と考えることをリンクさせている。

このように、考えることと身体感覚をつねに結びつけるようにすると、考える力が非常につく。

第4章　「聞く力」を磨いて「考える力」をつける

1――「聞く力」が「考える力」を支える

「能動的」に聞くことで脳が刺激される

「聞く」というと、受け身のように思われるが、実際は、能動的に聞くことで、「考える力」を伸ばすために非常に有効な方法になる。ただ漫然と聞いていたのでは、脳が刺激されることはないが、能動的に聞くことによって、脳が刺激され、考える力が引き出される。

「能動的に聞く」とは、自分がインスパイアされる（霊感を吹き込まれる、鼓舞《こぶ》される）ように聞くことであり、インスパイアされるためには「構え」が必要だ。

日本にコンビニエンスストアを導入し、アメリカとは違う独自の経営方法で業績を上げているセブン&アイ・ホールディングス会長の鈴木《すずき》敏文《としふみ》氏はこう言っている。

「私は、車に乗っている時などはずっとラジオを流しておきます。別に一生懸命聞いているわけではありませんが、その時は聞き流していたことでも、なにかのきっかけで、新しいアイディアにつながったりします。(中略) 人間は自分の興味のある情報、仕事に関わる情報は無意識のうちに取り込んでいるものです」(『ビジネス革新の極意』鈴木敏文・齋藤孝/マガジンハウス)

鈴木氏の精神は非常に研ぎ澄まされ、インスパイアされる構えができているといえるだろう。

自分で積極的に聞く姿勢を持つようにするためには、メモを取ることが有効だ。話を聞いたときに頭の中に浮かんできたことをメモすると、相手の話からただ知識を得るのでなく、インスパイアされる状況をつくることができる。

ただし、あまりインスパイアされることだけに熱中してしまうと、相手の話を聞くことから離れてしまい、自分の頭の中だけで会話をしてしまうことがある。それでいいアイディアがどんどん浮かんでくるのならいいが、聞く態度としては、ちょっと問題がある。

大事なことは、ただ相手の話を聞いて、有効な情報をメモするだけではなく、そこに自分の考えや発想などを入れ込むことだ。相手の話と自分の考えを半々ぐらいでメモを取ることができればかなり上級だといえる。

本当の「聞き上手」とは

「聞き上手」といわれる人がいる。その人が相手だと、話が弾《はず》み、盛り上がり、結果、クリエイティブな会話ができる。

考える力がないと、聞き上手にはなれない。世の中には、人がよければ聞き上手になれるという思い込みがあるが、そんなことはない。

わりと多くの人が、相手の話を聞いているようでいて、じつは相手が考えていることと、話している内容を、誤解してとらえていることが多い。誤解までいかなくとも、我田引水《がでんいんすい》で聞く人も、考える会話ができていない。自分の経験や知識の枠内《わくない》で、人の話を評価したり判断したりしている。そういう人は、本来の意味で話を聞けるとはいえない。

聞きながら、頭を使っていない、考えていないのだ。

聞き上手とは、「考える力がある（頭がいい）＋頭をスローにギアチェンジできる」ことだ。

スローにギアチェンジするのは、頭の回転の速い人にとっては、なかなか面倒な作業だ。だから、頭がいい人でも聞き上手になれない人もいる。

そういう人は、自分だけで考えをどんどん進めてしまい、相手の話から刺激を受けることがない。それでは、情報を取り入れて、さらに考える力を伸ばすことはできず、自分の考えだけに凝り固まりやすい。

本当の「聞き上手」は、自分の方

は頭の回転を速くして、相手の話からさまざまなインスパイアを受けつつ、話している相手に合わせてスローにでも、ハイスピードにでもギアチェンジができる。そういう人は人の話から情報を取り入れ、刺激されて、考える力をさらに伸ばすことができる。

聞き上手につながる「未熟力」

聞き上手になると、話し手が大いに有効な情報を提供してくれる。

「仕事ができる」と思われることも、信頼される大きな要素だが、「この人には相談したくなる」とか、「この人と話しながらなら、決められそうだ」と思わせるのも、重要な能力だ。

そういうタイプは、経験豊富な人に多いというわけではない。かえって隙《すき》がある人のほうが聞き上手になれるケースが多い。たとえば、若々しいところがある、未熟なところがあるということがポイントになる。

一例として、文豪ゲーテの秘書官だったエッカーマンがいる。エッカーマンに、若さ、未熟さがあったからこそ、文豪ゲーテは彼を指導するような気持ちになり、結果、多くの話を引き出され、『ゲーテとの対話』（エッカーマン／山下肇訳／岩波文庫）という作品にまで結実したのである。

たとえば、エッカーマンが雑誌に記事を載せる仕事を引き受けたことを話すと、ゲーテはそれに反対する。

「その言葉をきくと、それまで親しげだったゲーテの顔は、ひどく不機嫌な渋面《じゅうめん》になった。（中略）『どうして君は、自分の進路からはずれてもいれば、君の本性の方向にもまるで反しているようなことを、やろうとするのだ？　お金には、金貨もあれば、銀貨もあり、紙幣もある。みんなそれぞれ価値もあれば、相場もある。しかし、それぞれを評価するためには、相場を知らなければだめだ。文学といえども、同じことだ。君は、硬貨を評価することはできようが、紙幣は評価できないだろう。（中略）その申出には断わり状を書きたまえ。君の進路にふさわしくないのだからね。要するに、君は、散漫にならぬよう注意して、力を集中させることだよ』」（『ゲーテとの対話上』）

エッカーマンの資質と進路をしっかりと考えている文豪ゲーテの姿が、ここにはある。それを引き出したのは、何よりエッカーマンの「未熟力」なのだ。

あまりに経験豊富な人は多くの知恵があるので、どうしても隙がないように見える。それだけに、経験豊富な人が聞き手となると、話す方は緊張を強《し》いられることになる。

しかし、聞き手が未熟ではあるが若々しく熱心な態度を見せると、話し手は何か役立つことをアドバイスしてあげようという気になり、話の内容に深みが出る。それが考えるヒントになる。

もちろん単なる未熟な人では、人のいうことを理解できず、聞き手になるどころか、自分の話ばかりする。これでは有効な会話は成り立たない。

「利口」と「バカ」というゾーンがあるとしたら、「利口ゾーン」は、あまりシャープすぎるので、相手がかえって話しにくい。「バカゾーン」は、鈍すぎて相手の話を聞けない。その間の「ミディアムゾーン」が、聞き手として、うまく相手の話を聞き出せるタイプである。

クリエイティブな能力を磨ける聞き上手

この「ミディアムゾーン」にいれば、最初は、自分独自のアイディアや思想がなくても、「聞く」という訓練をしているうちに、そういったものが身につく。このゾーンにいれば、だれからも好かれるが、とくに「できる人」「頭のいい人」に好かれる。そういう人とかかわり、そういう人の話を聞く機会が多くなる。

聞き上手は、クリエイティブな能力も磨くことができる。

自分自身がクリエイティビティを身につけることができるかどうかは、才能の問題もある。しかし、少なくとも、有用な人間になることはできる。

聞き上手な人は、話し手にとっては精神安定剤であるし、アイディアを誘発してくれるアイディア誘発剤のような存在でもある。

ゲーテにしても、エッカーマンが相手だからこそ、あそこまで話すことができたのだ。もちろんエッカーマンに、質問力や話をメモにとってまとめる要約力があったということもある。そういう能力も大事である。だからこそ、ゲーテはエッカーマンを選んだということもできる。

聞き上手には、「ミディアムゾーンの技術」ともいうべきものがあるのだ。

相手の「話したい欲求」を察知する

聞き上手は、「話したい雰囲気」をつくることができる。それは一対一の信頼関係をつくることができるからだ。

カウンセラー的な「聞く技術」というものもあるが、それは人の相談に乗るために、話を引き出しやすくするというものだ。「考える力」を伸ばす、クリエイティブな会話のための「聞く技術」は、もっと自然に相手に話しやすい雰囲気を醸《かも》し出すものだ。

そのためには、**相手の話したいエネルギー、話したい欲求の水位を敏感に感じ取ることが重要である。**

たとえば、人には、「今日は話したい欲求水位がレッドゾーンまでたまっていて、それをドーッと吐き出さないといられない」というときもあるし、逆にその水位が低く、そんなに話したくないという日もある。

同じ人でも、その日の気分で、話したい欲求の水位が上がったり下がったりする。それを感じ取るのだ。

また、つねに話したい欲求が強い人もいる。経営者などによく見かけるが、それは、話しながら自分を盛り上げようとしているのだ。経営者には、決断しなければならないことが多いので、人に話して肯定してもらうことで、さらに自信を持ちたい、自己肯定したいということがあるからだ。

あるいは、いつも不満を持っている人も、人に肯定してもらいたいので、とにかく話したいという欲求が強い。

どのような人であれ、話したい欲求の水位が高いときもあれば、低いときもある。そういう相手の「話したい欲求」の水位を感じ取りながら、「いまは、あまり話したくないようだから、無理に話させないようにしよう」とか「今日は、話したい水位が高いから、どんどん話してもらって、解放されてもらおう」などと、敏感に感じ取ってコントロールできる人が、聞き上手ということができる。

相手の話したい欲求の水位が上がっているときに抑え込んでしまい、自分が話してばかりいると、相手の欲求不満はどんどん高くなってしまう。それでは、「もう、こいつには話さないぞ」と思われてしまう。

ナチュラルに話を盛り上げるためには、相手の話したい欲求の水位をきちんととら

えながら会話をすることが求められる。

盛り上げ上手はリアクション上手

場を盛り上げるタイプの聞き上手もいる。

それは、ノリがよく、リアクション上手なのだ。私のコミュニケーション論の授業では、「リアクション女王」といわれた学生がいた。

授業の中で、だれがいちばんよく話を聞けるかを学生同士で投票してもらった。すると彼女がダントツのトップだった。

その学生のリアクションは、押し付けがましさやうっとうしさがなく、ナチュラルなのだ。アメリカ人は個人主義が徹底しているが、パーティなど集団の場になると盛り上げるのがとてもうまい。そういう雰囲気である。

たとえば、タレントの久本雅美《ひさもとまさみ》さんは、リアクションが非常にうまく盛り上げ上手だ。彼女の場合には、アクションが多少オーバーでテンションが高いが、それがバラエティという場では光る。

リアクションがうまく盛り上げ上手であるというと、オーバーアクションを想像しがちだが、別にオーバーにリアクションすることがリアクション上手というわけではない。だから、リアクション上手と「あの人と話していると落ち着く」という聞き方は、けっして矛盾するものではない。

盛り上げ上手とリアクション上手はどちらも、相手の話したい欲求の水位を敏感に感じ取る感性がある。その感性さえ研ぎ澄まされていれば、その時々の状況に応じて、盛り上げたり、静かに聞いたりをコントロールできる。

「聞く」は「技を受ける」こと

相手の話したい欲求を受け取るのは、身体的な技とも通じる。

たとえば、恋愛については、一般に男性は女性の欲求を見抜くのが下手といえる。一方の女性の方は、勘がいい。

表に出ていない欲求を見抜くには、相手の身体の動き、態度、仕草など、さまざまなものを観察することが必要だ。ことに身体の観察は欠かせない。

以前、指圧の研究をしたときに、指圧を受けるのがうまい人とへたな人がいるということがわかった。指圧を受けるのがへたな人は、くすぐったがり屋でおしゃべりなタイプだという分類までできた。指圧が受けられない、おしゃべりだ、というのは「人を受け入れられない」タイプだということだ。

「聞く」ということは「技を受ける」ことにも通じるからだ。技を受けるとは、相手の力を受けるととらえることもできる。たとえば、合気道のように相手の力を受けてずらす、という技術がある。

聞くときにも、相手の言葉を受け、それがどこに行きたがっているかを感じる、方位感覚が大切だ。それがあると、相手の話をうまく乗せていったり、あるいは少しずつずらしていったりというようなことができる。それができるのが聞き上手だ。

「人の話を聞けない人」は成長が止まる

音楽を聴くのと人の話を聞くのとは違う。中には音楽を聴くように、人の話を聞いている人もいる。ふつうの人が音楽を聴くのは、リラックスしている状態だろう。当然ながら、たいていは、脳は休んでいる状態だろう。

人の話を聞くときは、本来脳がすばらしく働くチャンスだ。聞くことは話すことの前にある行為だが、聞くことにおいては、話すときほど考えてはいない。

話すことは、欲求不満の解消にもなるし、話すことで気分がすっきりとするということでも、はけ口になる。

私もおしゃべりな方であるが、世の中の人はみんな、人の話を聞くよりもまず話したがるものだ。

だから、相手の話をきちんと聞くということはむずかしい。聞く態度ができていない人は、意外に多い。

その話を再生して人に話さなければならないとか、質問したり要約しなければならないとなればきちんと聞く。しかし、ただ聞き流していればいいとなればだれでもそれほどきちんとは聞いていない。

相手の話をきちんと受け止めているかどうかは、その話を聞き手に要約させてみればすぐにわかる。要約できないとか、要約が間違っていたら、それは理解していないということだ。

また、話しているときに、「で、どう思う？」などと、聞き手に振ってみるのが一つの方法だ。

すると、「ウッ」と詰まって何もいえないならば、話を聞けていないし、考えてもいないということだ。

また、聞かれたら話すことはできるが、相手の話からずれてしまい、話の脈絡で話せない人がいる。

その場合、いちばん多いタイプは、いつも自分の話に持っていってしまう人だ。用意してある自分の話にもっていく、あるいは自分の体験や自慢などを、とうとうと話しはじめてしまうという人は、話が聞けていない。

こういう我田引水タイプは、ある程度仕事の体験を積み重ねてきた男性に多い。女性にもいるが、女性の場合は、話が散るから比較的いい。男性は延々と武勇伝のような我田にとどまってしまう。

経験をもとに話すのは、話し方としては、かなり危険なゾーンに入りやすい。自分の経験は、他人にはそんなに面白くないということに気づいていない場合が多いからだ。

最初から、どこで自分が話そうかとばかりに、「私は、私は……」と出ていくチャンスを狙《ねら》っていて、実際、チャンスがきたら、自分が人の話をとって話してしまうという人もいる。

考える力を伸ばす、という観点からも、こうした「人の話を聞けない人」は成長が止まりやすい。「自分は人の話をよく聞いている」と思っている人ほど、危険は高い。

自分がどのように人の話を聞いているか、あらためてチェックしてみよう。

2 ――「対話」で「アイディア力」をつける

グループでアイディア力を磨く

私は大学で、四人一組になって、一人ずつ企画のプレゼンテーションをするという授業をする。聞いている三人には、それをもとに、「その企画をよくする具体的なアイディアを出す」ことを求める。「それでいいんじゃないですか」のようなコメントや、ただの批評・批判は不要だといっている。

一人が企画のプレゼンテーションを行っている間に、聞いている側は、それをよくする具体的なアイディアを思いつかなければならない。「この企画を実行に移すとなったら、どうすればいいのか」「どうすればもっとよくなるか」という視点を持ってプレゼンテーションを聞かなければならない。

そして、四人で順番にプレゼンテーションしていき、最終的に、だれがいちばん他人の企画に対してアイディアを出せたかを投票する。アイディアを出すことが場に対する貢献であるということを学ぶのが、この授業の目的である。

コメントがないというのは論外だが、コメントをいっていても、ほめたり弱点を突いたりするケースがある。一般的には、それが会議やディスカッションのレベルだろう。しかし、そんなことで時間を取っていても仕方がない。

まず、アイディアを出して、その考えがよくないと思ったら、どんどん違うアイディアを出して乗り越えていくということを、全員がやるようにする。

これを積み重ねていくと、言葉によって現実をよくしていこうという感覚が生まれてくる。また、相手が話していて、それを聞いてその刺激を受けながら、自分も考えるようになり、思考が進みやすい状態になっていく。

対話で思考力を鍛える

「考える」とは通常は一人でやる作業だと思われているが、本来は、「対話」が考えを進めるのにはいちばんいい。

「考える力」をつけるには、スパーリングパートナーのような人をつくり、徹底して延々とディスカッションすると効果的だ。対話は、「考える力」を伸ばす王道である。

相手がいったことに対して「あぁ、そうですね。ごもっともです」などと、ただ同調していても、対話にはならない。

つねに同調するブルペンキャッチャーのような相手がいることでノリノリになって、どんどんアイディアが湧《わ》き出てくるという人は、そういう人を立てておくとよい。しかし、それは話し手側に、ある程度アイディアを生む力、また自分自身に問いかける力がある場合にはいいが、そうでない場合はやめた方がいい。

自分に対して新しい問いかけを行う力がない人が、自分に同調ばかりする人を相手に話していても、同じところをくるくる回るだけで、どこへも行き着かない。そうならないためには、自分と実力が同レベルの対話ができるスパーリングパートナーを持つ必要がある。

試合ではなくスパーリングだから、ディベートとは違い、相手の考えを否定して、潰《つぶ》すためのものではない。あくまでも、お互いの考えを引き出すためのものだ。

ディベートは、自分の考えでなくても、主張の立場を変えてもやれるのがよさである。ディベートのように、立場を交換しても、それなりに話ができるということを活用する方法もある。

ただし、アイディアを出し合う対話の場合、ディベートのような、「そこはおかしいだろう」「いまそういったが」といった、相手の揚げ足を取るような形の攻め方は反則にしておくべきだ。

むしろアイディアに弱点がある場合でも、その真意をとらえて、それに対して、どういう点に欠点があるのか、どうすればさらによくなるかなど、違う角度から意見を積み重ねていく対話が、思考力を高めるためのポイントである。

頭の中で一人で対話ができるようにする

そして、それができるようになったら、その対話を自分一人でもできるようにする。**対話で訓練して、二人でつくった状況を自分の中に組み込んでいき、自分の頭の中で対話を行うようにするのだ。**

私は、中学時代から試験勉強を、ある友人とずっと二人でやってきた。片方が問題を出して片方が答えるという形で、それを交互に繰り返すのだ。

だから、対話の中で考えるというのが、私にとってはふつうになっている。すると、一人になったときも、一人二役というほどではないにしても、頭の中で、「そんなわけはないだろう」「というのもありかもしれない」などと自分で自分に突っこみを入れながら考えることが習慣化している。

「これはありえない。バツ、バツ……」「これはありだな。マル」などと、メモしていく。それができるのも、二人での対話を積み重ねてきた成果だと思う。

他の人が自分の中に内在化されて、内側に組み込まれているのだ。それは自分の中に複数の視点を持つということだ。

二人で対話することによって、二人で言い合っている感覚が、一人になっても耳の中に残る。そこで、自分が言って自分が答えるような構造ができあがる。すると、考えも進む。

前述したように、「考える」ことにおいては、視点をずらす、視点移動ということが非常に重要である。あるところから考えようとしても、攻め入ることができなかったら、ちょっとずらして考える。角度を変える。角度を変えて切ってみて、その切り口を見てみる。その「角度」と「切り口」が、「考える力」にとってはキーワードとなる。

ポジションを変え、角度を変えていくときに、一人だと、その感覚がなかなか身につきにくい。角度が違う二人で対話を訓練することで、自分一人でも視点をずらして、角度を変えてみる感覚を身につけることができるようになる。

3——「言い換え力」で「考える力」をつける

「言い換え力」は理解力のバロメーター

対話をしていて、その内容がよくわかっているか、考えているかは、要約できるかどうかでわかる。

たとえば、手短に、といわれたら、二〜三分で説明できないと困るだろう。それをだらだらと一〇分もかけて説明したら、わかっていない証拠だ。

つまり、三〇秒でも三分でも一〇分でも、時間を変えても上手に要約できれば、その人は話を理解しているということだ。

時間に合わせて説明するには、何がポイントで、どこを省略していいか、といった話の要素の優先順位がはっきりとわかっていなければならない。その優先順位の順番で要約を構成するわけである。時間がなければポイントだけ、骨組みだけ、時間があれば、肉を付けてなどという具合だ。

要約して再生できることが「わかっている」ことの第一段階だとすると、自分の言葉で別の例を挙げて言い換えることができるのが第二段階の能力だ。

東大の入学試験に出題される国語は、ほとんどが「あるものを言い換えたらどうなるのか」といった、言い換え力を試す問題である。それが文章をきちんと理解できているかどうかがもっともはっきりわかるからだ。

言い換えたときに、内容がずれていれば、わかっていないということになる。そのまま反復しているなら、考えていないということになる。内容から離れないで、自分の言葉で置き換えられることを示さなければならない。

会話のときでも、つねに相手の言葉を言い換えて提示すると、相手は「この人はわかってくれているな」と、わかるはずだ。

理解力というのは、言い換える力によって示すことができる。

言い換えながら思考をずらす

言い換えを癖にしていると、思考をずらす技も身についてくる。

思考はどうしても堂々巡りしがちだ。「AはBである」から「BはAである」となり、また「AはBである」というように、同じところをグルグル回りがちなのだ。

考えを進めるためには、そこから何とか抜け出さなくてはならない。そこで、言い換えて、言い換えて……と、ずらすことを繰り返していくのである。

ちょっと別の言葉で言い換えるとこうなる、別の例で言うとこうなる、というようにするのだ。すると、その「ちょっと」ずらすことが、考えを進化させるために有効になる。ずらしすぎて、あまりにもかけ離れてしまうと、思考の連続性は失われてしまう。

言い換えていくことによって微妙にずらしていくのを、習慣化するといい。コミュニケーションのたびに言い換えてみよう。

最初のうちは、「〇〇ですね」といわれたら、「そうですね」「〇〇ですね」と、オウム返しに繰り返すのも仕方ない。しかし、次の段階では、「それってこういうことですよね」などと、言い換えを試みてみる。すると、相手のものを受け取って自分なりに加工して出すことになり、頭を使うことになる。

つまり、意識的に言い換え力を前面に出していくようにするのだ。

たとえば、ウォルト・ディズニーは、ミッキー・マウスというキャラクターをつくるときに、喜劇王チャップリンの生み出した「チャーリー」というキャラクターを参考にしている。人間だったチャーリーをネズミに変える、性格をウォルト自身に似せる、それだけで、強力なキャラクターが生まれた。この手法はキャラクターだけではない。ディズニー映画をつくるときもそうだ。「白雪姫」「シンデレラ」など「昔話」をベースにしてアニメーションで表現するという、「言い換え」「ずらし」の技を使っている。

ふだんのコミュニケーションの中では、言い換えて話そうとは思っていないだろう。テレビのコメンテーターを見ていても、何か話題を振られて「どうですか」と聞かれても、たいていの人は、最初に「そうですね」と言う。

日常会話ではよいのだが、コメントを求められたときに、「そうですね……まぁ、そうですね」といった言葉ではじめると、いかにも「これから考えますよ」といった感じがある。

ほとんどの視聴者はそれほど意識して聞いていないかもしれないが、私は、コメンテーターとしてテレビ出演していたとき、あるときに自分も「そうですね」と言っていることに気づいた。あらかじめ考えてあるときには、スパッとキーワードから入ることを、意識して心がけるようにした。

「そうですね」の中には、雰囲気を同意によって盛り上げようということがあるから、情緒的にはわかるが、このような言葉は、絶対に必要というわけではない。

日常的なコミュニケーションの中では、心理的共感は必要だが、切れのいいコメントを求められているときには、前置きは短い方がいい。

「意味の含有率」をつねに意識する

きちんと考えている人は、いきなり本題に入り、話を進められる。

逆に、前置きを長々と言って、「それで、どうしましょう」と言う人は、考えていないことがわかってしまう。また、形式をやたらと踏む人も考えていない。

式次第をつくって段取りは考えているが、報告事項ばかり長くて実質の審議ができないといった会議がよく行われている。そういう会議というのは、発言者の言葉の端々から、考えていないことが見える。人の発言に対して、「そういうのもありますね」という人が多い。

問題は、意味の含有率だ。自分が発言するときにも人の話を聞くときにも、そこに、どれだけ意味が含まれているかにいつも注意することだ。

自分の言葉の意味の含有率を量ることはむずかしいが、人の発言のそれは簡単にわかる。

意味の含有率を意識して人の話を聞けば、この人の含有率はだいたい一五パーセントだとか、二五パーセント程度まではいっているかな、などとわかってくる。

意味の含有率が高いかどうかは、話したことを文字に起こしたときにどのくらい残るかでわかる。

意味の含有率感覚は、人の話を採点することでまずその感覚を養って、やがて自分に適用していくといい。

まず、どの程度の内容の話ならば、意味の含有率が何パーセントくらいなのかという大まかな基準を持つことだ。いろんな人の話を聞いているときに、この話は何パーセント、だれの話は何パーセントというように、意味の含有率を量る習慣をつける。するとその話に意味があるか、意味がほとんどないかが、わかるようになる。

このように、人の話の意味の含有率について、パーセンテージで評価できる感覚を身につけると、話すときに「意味の含有率の低いつまらない話はしないようにしよう」と意識するようになり、自分の話についても意味の含有率が上がるようになる。

第5章　「考える力」をつけるトレーニング

［トレーニング①］
人の話を再生する

この章では、考える力を養う方法を具体的に紹介していく。

私は大学の授業では、「私が話した内容を、あとで二人一組で再生してもらいます」と、あらかじめ言っておく。すると、ぼーっと授業を聞いているだけの学生が、まずいなくなる。

聞きながらメモを取ってもらうが、話すときには、それを伏せて話してもらう。集中しているから、ある程度は私の話を再生することができる。

しかし、途中で忘れてしまい、パニックになる人もいる。そんなときは交代して、次の人に足らなかったところを指摘してもらうという形でやる。そこで、だれがいちばんできがよかったかを、みんなに決めてもらう。

すると、頭をぼーっとさせることはできない。

このように、人の話を再生してみるトレーニングをしてみるといい。その場合、**あまり意味のない無駄な話を再生しても仕方ない。学生であれば、面白い先生の授業、**

社会人であれば、尊敬できる先輩（先達《せんだつ》）の会議での発言などがいいだろう。

［トレーニング②］

自己チェック能力をつける

私は授業で、私がポイントとして挙げたことを学生に再生してもらうことがある。たとえば、学生が介護体験をするとき、障害者施設に行く注意ポイントを、「いまから五つ言います」といって挙げてみる。

「一、挨拶《あいさつ》はきちんとする。二、最初に指導者の言うことをきちんとメモして把握《はあく》する。三、必ずやったことは報告する。四、迷ったときには自分で勝手に判断しないで、人に聞く。五、事前に段取りを予測して行動する」などと話し、「わかりましたか」と聞くと、みんな「わかった」と返事をする。

そこで、「じゃあ、いま私がいった五つをいってみて」というと、「順番変えていいですか」とか「何でしたっけ」という反応になる。

聞いてわかったつもりでいても、なかなか再生できない。心にとどまっていないのだ。それは、自己チェックできていないということだ。何かを理解したかどうか、はつきり自分のものにしたかどうかを、自分で自分に問いかけて、答えることを繰り返すことでチェックする。自己チェック能力がつけば、同じような勉強時間でも理解力は大幅にアップする。

また、言葉を再生することはできたとしても、それを実際にやれるかどうかとなると、また違ってくる。

つまり、聞いてわかったというレベルと、自分がもう一度再生できるレベルの間には溝《みぞ》があり、言える状態と現実でやれる状態との間にまた深い溝があるわけだ。実際に行動をするときでも自己チェックは有効だ。自己チェック能力がある人は、ミスを犯す確率が減る。これだけでも、実行力がつく。

［トレーニング③］

二〜三分のプレゼンテーションを繰り返す

考える集中力を鍛えるための実践的なトレーニング方法としては、ストップウォッチなどを使って限られた時間の中で一つのテーマを考える、という訓練が有効だ。

前述した、四人一組でプレゼンテーションを順番に行っていくという授業でも、まず学生には席を立って移動してもらい、仲のよい同士では組まないようにする。知らない者同士の緊張感が重要なのだ。知らない者同士で四人一組となって、一人何分かのプレゼンテーションの時間をとる。そしてだれがいちばんよかったかを四人で決める。

短時間に区切ることで集中状態に入るクセをつける。ボクシングのトレーニングのように、三分間縄跳び、三分間腹筋、というようにムダのないメニューにするのだ。同じテーマで、考える制限時間も決まっていて、他人と比較される、という状況では、考えるモチベーションが大いに高まる。二～三分という短い限られた時間で結果を出すので、密度を高くする訓練になる。

トラックで一〇メートルのダッシュを繰り返すようなものだ。時間が長くなると、どうしても思考の密度は薄まるが、三分といわれれば、だれでも集中して考える。三分後には発表となれば、一生懸命に考える。

こうしたトレーニングを続けていくことで「考える」ことが苦にならなくなる。**短く集中する感覚を身につけると、何ヵ月も考え続ける持続的な集中力も身につく。**その考える密度・速度を、自分の仕事や勉強のときにも発揮できるようになればいいのだ。

運動のトレーニングメニューの発想をすべて取り入れて、ストップウォッチを使い、細かくメニューを出していって、達成目標を細かく切って設定していく。それが基本である。

自分でできる方法としては、たとえば三分の間に必ず一つアイディアを出すといったトレーニングを自分に課してみるのもいいだろう。

三分できれば、時間を徐々に延ばし、一時間くらいまで集中できるようにすればいい。

［トレーニング④］

「音読破」で脳のレベルアップをはかる

私は、一冊の本をすべて音読する「音読破」という方法を提唱している。たとえば、夏目漱石《なつめそうせき》の『坊っちゃん』を「音読破」すると、ほぼ五〜六時間かかる。子どもたちは、最初はすぐに疲れて集中を切らせてしまう。しかし、四〜五時間たつころには、途中でやめる方が面倒だ、という状態になる。

そこまで行くと、音読が終わっても、その集中に慣れてしまい、頭の回転が止まらない状態になる。

音読をしていると頭がフル回転している状態になり、脳はバテているにもかかわらず、その作品についてさらにしゃべりたくなる。音読破を一日やっただけでも、脳の状態はまるっきり違う。

五～一〇分音読をした程度では、頭が回っていると感じることはできないが、五～六時間やってみると、はっきりわかる。

音読破した後では、脳の能力自体がアップしている。

これは肉体のトレーニングと同じである。たとえば、一回だけ物を持ち上げただけでは、筋肉量は変わらない。しかし、反復的に何回か持ち上げると、筋肉量自体が変わってくる。

音読は、脳の筋肉量自体を変えるような、負荷《ふか》をかけるトレーニングになっている。脳をフルに働かせて、一度つらい状態まで追い込んで、その状態を突破すると、後が非常に楽になる。

ジョギングでランナーズ・ハイといわれるように、非常に苦しい状態を突破すると走るのが快感になることがある。脳も同じで、いったん苦しい状態まで持っていき、その集中状態の感触をつかむ。そうすることで、脳の能力自体がスケールアップする。

脳のトレーニングは若いうちからやると効果的だが、年齢が高くても効果はある。二〜三時間続けて音読してみてほしい。自分の脳の状態がどう変わったか実感できるはずだ。

［トレーニング⑤］

比較することで「意味」を見つける

比較するとものは考えやすくなる。写真を一枚見せて「気づいたことをいってください」といっても、なかなかいいコメントは出にくいが、二枚の写真を見せて、「この二枚の写真の違うところをいってください」というと、たいていの人が的《まと》を射《い》た視点でコメントできる。

たとえば、美術館に行き、すぐれた作品ばかりを見ると、いい絵だということはわかっても、どこがいいのか、なぜいいのかなどが、わからなくなってしまう。

しかし、名画が、二流の絵画と並んでいたらどうだろうか。絵の知識などなくとも、名画の力がはっきりとわかるはずだ。

比較対照することによって、考えを進めやすくなる。違い、差異を明らかにする作業によって、ものごとの本質がつかみやすくなるからだ。

「意味は差異から生まれる」とは言語学者ソシュールの考え方だ。あるものとあるものの違いが、意味を生み出すという考え方である。つまり「ずれ」や「違い」から意味が立ち現れるのだ。

「比較」は、思考の王道である。

比較する対象を設定して、その違いを具体的に列挙するという訓練を徹底してやってみるだけでも、「考える力」が格段につくはずだ。

[トレーニング⑥]
予測でアレンジ力をつける

推測力、予測力を鍛えることも、考える力をつけるよいトレーニングになる。

たとえば数列で、「2・4・6」と来れば、次は「8」だろうと予測する。

いまある材料・状況を見て、その法則を見抜き、次を予測するのである。

時代の流行を読むなどもその訓練になる。色が流行《はや》ったあとは白黒の時代になる、あるいは逆に、これだけ白黒一辺倒になってしまったので、今度はカラフルなものが流行る、というように予測するのである。

流行が何年かごとに繰り返されるという循環説があるが、簡単にいうと、人は飽きるということだ。同じ状態には飽きるので、たとえばスカートでも、長いのに飽きたら短くなる。短いのに飽きたら、また長くなると予測できる。

歴史を学ぶ意味は、歴史の流れのパターンを把握して、次に来る時代を推測できるようになることにもある。もちろん、完璧《かんぺき》に予測することはむずかしいが、法則性を考えるだけでもとてもいい訓練になる。

「未来の可能性」を探す道具として過去を考えるのだ。その意味では、歴史を知らない人より知っている人の方が、未来を読む能力の引き出しは多くなる。

歴史だけではなく、どんな学問でも、「アイディアの引き出し」をふやすためにはとても役立つ。

よく勉強しすぎるとオリジナリティがなくなってしまう、もっと感性を大事にしたほうがよいなどといわれたりする。

しかし、知識はより多くあるほうが、何かを生み出す材料が多いということだ。いろいろな知識があれば、「それならこれをアレンジしてこっちを使ってみよう」といったことができるようになる。

アイディアといっても、まったく無からの創造というものはほとんどない。**アイディアとは、あるものをどのように活用するかというアレンジ力から生み出されるのだ。**

組み合わせたり、変換したり、少し変えてみたりするというアレンジ力は、もとになる材料がなければ、発動しない。

自分にとって身近なテーマを予測してみることは、「考える力」をつけるいいトレーニングになる。自分の業界のこと、扱っている商品のことなど、実際にビジネスに役立つことをテーマにして、予測してみるといいだろう。

［トレーニング⑦］
変換してアイディア出しをする

あるテーマについて、「それに沿った具体例を、社会的なことがらでも自分自身の

経験の中でもいいからとにかく三つ挙げる」というようにつねに自分に要求すると、具体例を挙げる練習になる。

つねに具体例を挙げるトレーニングをしていると、考える力はかなりつく。「考える」というと、つい抽象的になってしまうのが一般的な傾向だ。だから逆に、いつも具体例を挙げられるように思考の方向を定めておく。

アイディアとは、新しいものを出す以前に、それに似たようなものは何か、と考えていくことで出てくる。

私が提唱しているのは、似たものから概念を取り出すことだ。

たとえば、「$y = f(x)$」という式の関数「f」にあたる変換の部分に注目するのだ。変換部分であるfに、たとえば「ミニ化する」と入れてみる。

何か小さくすることで成功させるというテーマを考えるときに、小さくしたもので成功したものをたくさん列挙してみる。それをまず考える。それらを見て、「では何を小さくしたら成功するのか」ということを次に考える。

この場合、小さくすることで成功したものをたくさん挙げられた方がうまくいく。とにかく材料をたくさん探すのだ。

「ミニ化する」という概念で、自分の頭の中にある材料を全部すくってみるわけである。するといままでとは違ったものが浮かび上がってくるはずだ。

このような変換の概念は、いくらでも考えられる。「ボックス化」というのもそうだ。あるものを箱に入れることで成功した例をたくさん出してみる。

カラオケボックスなどは代表的なものだし、バッティングセンター、プラネタリウムなどもそうだろう。最近では、お墓も「ボックス化」されている。

プラネタリウムをつくった人は、「宇宙をボックスに入れてしまいたい。ミニ化したい」というような欲望をどこかで持ったのではないか。

「ボックス化」という観点で見たとき、これまでまったく別のものとしてつながらなかった、カラオケボックス、バッティングセンター、プラネタリウム、コインロッカーなどがつながってくる。

あるいは「ボックス化」を「個室化」ということに変換することも可能だろう。個室に区切られている居酒屋がかなり多くなっている。あるいは個室露天風呂《ろてんぶろ》があることを売り物にしている温泉宿も増えている。

このように「ボックス化」という概念を持つことによって、いろいろなものが見えてくる。

そうすると今度は、何かを「ボックス化」してみて、新しい企画が立たないかという発想が生まれてくる。過去にヒットした商品をながめているだけでは、アイディアは得られないのだ。

さらに、関数のfを変えてみよう。

たとえば、個室居酒屋が成功しているのは「隠れ家化」しているからだと考えたとする。「隠す、見えにくくする」といった発想で成功しているのではないか、と考えるのだ。

すると、「隠す……」といった、ちょっと見えないというのが成功させる要素ではないかと考えてみることもできる。

具体的なものを見て、「これは成功しているな」「これはいいな」と思ったときに、抽象化、つまり概念化して、その秘密を見抜くわけである。

具体から抽象に行くことで、変換可能な概念をつかまえることになる。そこからアイディアが出てくるわけだ。次にそのアイディアを具体化する。

抽象と具体を往復して自由につなげる力が、実際にアイディアを生み出す、考える

力だ。

自分でテーマを設定して変換のトレーニングをしてみよう。

［トレーニング⑧］

自分に突っこみを入れる

自問自答も考えるときに有効な工夫である。

自分で問いを立てるクセをつけておいて、その問いに対して自分が答えて、また問いを立ててまた答える。自分で一人弁証法のようにするわけだ。最初は対話で二人でやって慣れていって、一人でやれるようにすればいい。

まず「これはこうだ」と考え、それに対して「いや、それはこう違う」と、自分で反駁《はんばく》してみる。

つまり、自分で自分に突っこみを入れてみるのだ。漫才などでやるような、「そんなわけないやろ」というようなイメージで、自分に突っこみを入れてみよう。

本を読むときにも、突っこみを入れながら読んでみよう。そうすると、ただ惰性で本を読み飛ばしてしまうのではなく、内容をつかみやすくなる。

［トレーニング⑨］

敵を読み取ると問題の本質が見える

文章を読んで、その中核を正確に読み取るにはコツがある。

一つのヒントとしては、筆者がいったい何を敵としているのかを考えるとうまくいく。筆者が、ある一般論が嫌いだとする。するとたいていは、「ふつうの見方はこれこれこうである」と書き出して、「一般の人はこう考えるけれども、私はそのように考えない」という主張を展開していく。

ふつう、文章というのは、筆者の「自分の主張をわかってくれ」という目的で書かれる。だから読み手は、「この人は、どのように自分の主張が正しいことを証明しようとしているのか」という目で見るといい。そのときは、その人が否定しようとしている敵を見ればわかりやすい。

筆者の論理を読み取るのではなく、筆者が敵としている相手との関係を見つける。そうすることで、筆者が文章を書く動機から、価値観は何かという根本までつかまえることができ、結果的に文章を誤解なく読み解けるようになる。

この人は何が嫌いで、何に怒っているのか、何が不満なのか、何を証明しようとしているのか。

論理の奥には感情があり、それをつかむことが重要なのだ。

［トレーニング⑩］

「関係のあり方」を焦点に小説を読む

トレーニング⑨で取り上げたのは評論などの文章を読む場合であるが、小説を読むときは、また違う読み取り方がある。

小説を読むことも、考える力をつけるトレーニングになる。ただし、漫然《まんぜん》と読んで「面白かった」「あまり面白くなかった」というのでは、せっかく読んでも、あまり考える力はつかない。

些末《さまつ》なことにとらわれず、「ここでいちばん大事なテーマは何か」と優先順位をはっきりさせることだ。そこで、「この小説のいちばん面白いものを、もし他のものに適用してみたらどうであろうか」と考えると、その小説の普遍性というものがはっきりしてくる。

そのためには、**小説を読む場合でも、まずは自分、あるいは自分の身の回りを通して見るという視点が必要になる。**

たとえば、芥川龍之介《あくたがわりゅうのすけ》の『羅生門《らしょうもん》』を例にして考えてみよう。

ストーリーはごく単純である。舞台は平安時代、かなり治安が悪くなった都の荒れ果てた羅生門で、下人《げにん》（貴族の下働きをする人）が、死人の髪を引き抜く老婆《ろうば》と出会う。下人は最初、老婆のやることを「それはいけないことだ」と嫌悪《けんお》する。下人は「どうしてそんなことをするんだ」と注意するが、老婆は、「これは食べるためにやっているので、仕方ない」という。それを聞いて、下人は、それなら同じように困窮している自分が、老婆から奪ってもよいと、身ぐるみ剝《は》いでしまうという話である。

下人をAだとすれば、老婆はBで対立している。ところが最終的に、下人は「お前がやるんだったら、俺だってやっていいだろう」と、老婆から身ぐるみ剝いでいく。構図としては、いつの間にか、下人AがB'になってしまうわけだ。

下人は老婆の自己正当化の論理を批判しつつも、学んでしまう。自分が批判している当の相手から影響を受けて追いはぎをすることで、批判していた方に乗り移ってしまう。それは下人が完璧な悪に手を染めた瞬間である。

下人は老婆の「食べていけないからやっている」という自己正当化を嘘《うそ》くさいと感じ、「いいつくろっているんだ」と思っている。にもかかわらず、最後には、その論理を自分も利用してしまう。

自分が批判したり嫌ったりして、嫌悪感を抱いていた相手からさえも学習してしまう。悪いことだから正確には「学習」とはいえず、染まってしまうということだが、そういう小説だと読み取ることができる。

そこで、「下人は私である」という命題を立てることができる。

一度、自分というものに沈めないと、考えるという作業は本物にならない。

『羅生門』でいえば、嫌悪感を抱いているものであるにもかかわらず、意図せず学習してしまうことが起こるということだ。

ちょっと考えてみれば、そういうことが現実ではよく起こっている。

たとえば児童虐待は世代間で連鎖《れんさ》しやすいといわれている。親から虐待を受けた場合、自分は「絶対にそれをやるまい」と思う。ところが、自分が親になったときに、それを繰り返してしまうことがある。

自分の意識では、嫌なこととして否定していたにもかかわらず、学習してしまうということが起こるわけである。

あるいは、学校の部活動で、上級生のしごきが嫌だったにもかかわらず、自分が上級生になって、気がついたら下級生をしごいていたというのも同様だ。「ウサギ跳びなんて本当に嫌だと思っていたけど、やらせると面白い……」となってしまう。

それぞれの事情はもちろん異なるが、「下人」を拡大解釈すれば、「下人は私である」ということだ。

現代日本の中で、これはまさに羅生門的現象ではないかというような、「下人と老婆」の関係が見えてくるのだ。

芥川龍之介のこの小説を、そういう見方で見ると、その普遍性の高さが理解できる。人間は正しいことばかりを学ぶわけではない。自分が嫌悪しているものからさえも学んでしまう。その岐路を描いているわけだ。

「下人と自分は時代も違うし状況も違う」と、自分と切り離している人には、『羅生門』を読んでも、「下人は私である」という命題は考えつかず、それを現代の世界を読み解く道具にすることもできないだろう。

文学作品は、「考える道具」を提供してくれる。読むときには「この二人の関係は

どうであろうか」「これとあれの関係はどうか」と、二つの関係を見るというクセをつける。関係のあり方に目をつけ、関係の視点を身につけることで考える力がつく。

［トレーニング⑪］

インスパイアされる雑誌を見つける

流行しているものをアレンジすると、発想の転換ができる。

たとえば、「ちょい不良《ワル》オヤジ」という言葉が流行ったことがある。この言葉は、「ちょい」が面白いわけだ。そこで、「不良オヤジ」のところをどんどん置き換えていく。

たとえば「ちょい不器用」でもいい。

「すごく不器用だと嫌われるが、ちょっと不器用だと微笑《ほほえ》ましい。すごく器用につくられているものより、〈ちょい不器用〉なものが愛《いと》おしい」ということがあるとする。それで「ちょい不器用商品、ご紹介」といった企画を、すぐに思いつくだろう。

起爆剤になるような材料がないと、アイディアはなかなか考えられない。

考える起爆剤を見つけるために、自分を刺激してくれる、インスパイアしてくれる雑誌を何誌か持つとよい。

私の場合は、「SPA!」や「WEDGE（ウェッジ）」、「新潮45」、スポーツ雑誌の「Number」などがそうだ。

気楽に雑誌を読みながら、頭の中にシャワーのように情報を流し、起爆剤となるものを見つけよう。

[トレーニング⑫]
身体感覚を利用して無理矢理ネーミングする

ネーミングは「考える力」をつけるのにとても効果的な方法だ。

授業で学生に、「身体論的に見て自分がこれは面白い経験だと思ったことはないか」と聞いたことがある。そのときに、警備員のアルバイトをしていた学生がこんなことをいった。

「警備員をやっていると、自分が銅像になったような気分になるんです。しっかりと銅像気分で立っていると、そこで記念撮影をする人たちから『警備員さんどいてください』とは絶対いわれないんですよ」

つまり、周囲の人は、そこに彼が立っていて見えていても、人間だという感覚で見なくなってしまうわけだ。

そこで、私は、「それは『オブジェ感覚』と名づけよう。この『オブジェ感覚』について一本論文を書きなさい」という課題を出した。その学生は大変面白い論文を仕上げた。

このように、**自分だけの経験にネーミングすることで、他の現象にも適用できるような概念に発展することがある。**

そのとき、身体感覚が大きなヒントになる。身体感覚を利用して、「○○感覚」とつけるのだ。

たとえば商品を陳列するときには、お客さんの歩く速度や視点などに入り込むことで考えるヒントになる。正面に何かがあるとついそっちに行くとか、手触り感とか、これがどういう感覚なのかというような、感覚レベルに入り込むとアイディアは生まれやすい。

［トレーニング⑬］

散歩でインスパイアされる

散歩は、インスパイアされる状態になりやすい。

哲学者のカントは毎日同じ時間に散歩をしていた。また、アインシュタインも、雨の日でも研究所まで毎日歩いていた。人から「車で送りますよ」と誘われても乗らなかったという話もある。

それは健康のためというだけではなく、一人の時間の中でリズミカルな運動をすることで、安定した思考が進むということがあるからだ。最近の研究では、その理由は、脳内ホルモンである、セロトニン神経系が働くことによることがわかってきている。

対話してお互いに考えをいい合いながらインスパイアするのは、考えるときのいちばんの基本ではあるが、一人の場合は、歩いたり、身体的な反復作業をすることによってインスパイアされやすくなり、集中にも入りやすい。

健康のためにいいからと漫然と散歩するのではなく、散歩するときには、考える課題を準備しておくといい。思いがけない発想が生まれることがあるはずだ。

［トレーニング⑭］

身体的リフレッシュで思考の壁を突破する

考えが煮詰まったときには、身体からリフレッシュする。

私の場合、だいたい考えが煮詰まってしまったら風呂《ふろ》に入る。風呂に入っているとき、それまで考えたことを忘れるかというと、そんなことはない。風呂に入り、いい気持ちになって、ぼんやりとしながらであるが、それまでのことを考えるともなしに考えているのだ。すると、突破口が見つかることがある。

また、足裏をマッサージしたり、肩胛骨《けんこうこつ》をグルグル回すのもよい。手の平のツボを刺激したり、手の指を一本一本逆に伸ばしても、脳がリフレッシュされる感覚がある。

ふつう、マッサージをしてもらうというのは、腰が痛いとか肩が痛いとき、または仕事に疲れたりしたときに、リラックスするためだろう。だが、もっとポジティブに、何かを生み出すために積極的にマッサージを活用したい。

マッサージには、「疲れたなあ、リラックスしたいなあ」と思って行くことが多いだろう。しかし実際は、脳がボロボロになるほど働かせているということはほとんどない。

たいていは、人間関係などの悩みによる「気疲れ」なのだ。だから、リラックスするときも、考える作業をする余裕は十分ある。体をリラックスさせながら、そこに考え事を持ち込んでみよう。

いい気持ちになって夢を見ているような状態になるので、眉間《みけん》にシワを寄せるように力《りき》んでうんうん考えるわけではない。マッサージをしてもらいながら、ぼんやり考えると、それまで行き詰まっていた考えが進むことがある。

風呂はもちろんだが、いまはマッサージがリラックスのための道具として使われている。どちらにしろ、リラックスは考えるという作業に非常にいい効果を出す。ただ休むためだけではなく、アイディアを生む場として風呂やマッサージの時間を使おう。

あとがき

「考えることは楽しい」とはいっても、実際は、脳の中身を絞り出すようにする作業なのでやはり少し苦しいところがある。とくに、「考える」最初の歯車を回すのは大変だ。しかし、いったん回りはじめればそれは回転していく。すると、考える力は増幅し、考えが次々と連鎖する。この循環に入れば、考える人生の楽しさを十分に知ってもらえると思う。

最初の歯車を回すには、スポーツと同じように、練習メニューがきちんとある。それをやればだれでも上達する。たとえば、私はセミナーなどで、三分で課題を一つ考えるようなメニューを二時間続ける。すると、みな頭が回転しはじめて、止まらない状態になる。こういう感覚を一度でも味わうと考えることが楽しくなる。

歯車を回すエネルギーを得ることも大切だ。エネルギーは、いい意味のプレッシャーをかけると出てくる。プレッシャーというよりむしろ期待感かもしれない。

自分は誰かに期待されていると感じること。人から期待されるところに身を置くこと。あるいは自分で自分に期待すること。こうした動機づけがあると、「考える歯車」を回すエネルギーが出てくる。

昨今は「気持ちがいいかどうか」という主観的な心の状態が、世の中の関心の大きな部分を占めている。それは、「思う」「感じる」のレベルだ。そこでは、「嬉しい」「楽しい」「きれいだ」というように主観的な感覚や印象を述べればすむ。

しかし、「考える」とは、「思った」「感じた」ことを入り口に、より深く自分の身体感覚に入っていき、そこから現実に戻る行為だ。自分の経験知のすべてを使って、現実を組み替えるアイディアを出すことだと言ってもいい。

私たちは、考えることで、自分自身と現実の間を往復し、世界の新しい楽しみ方を知ることができる。考えることには、「ただ気持ちがいい」とは違った、独特の爽快感と充実感、達成感がある。

この「考える快感」をぜひ味わってほしい。そのためのヒントや方法は、この本に十分に書いたつもりだ。大いに活用していただきたい。

本書を書くにあたっては『原稿用紙10枚を書く力』『人を10分ひきつける話す力』同様、編集プロデューサーの荒井敏由紀さん、大和書房の南暁社長と永井仁高さんに大変お世話になった。文庫化に際しては、松戸さち子さんの御尽力をいただいた。この場を借りてお礼を申し上げたい。

この本がきっかけとなって、思考の瞬発力と粘着力がともに高まることを願っている。

齋藤　孝

本書は、二〇〇六年十月、小社より刊行された作品に
加筆・修正しました。

齋藤 孝（さいとう・たかし）
一九六〇年、静岡県に生まれる。東京大学法学部卒業。同大学院博士課程を経て、明治大学文学部教授。専攻は教育学、身体論、コミュニケーション論。私塾「斎藤メソッド」で独自の教育法を実践している。
著書には『声に出して読みたい日本語』（草思社）、『読書力』（岩波新書）、『仕事力』（筑摩書房）、『自己プロデュース力』『「学ぶ力」を伸ばす本』『人の心をギュッとつかむ好感度UPの法則』「齋藤孝の天才伝」シリーズ全八巻（以上、大和書房）、『天才の読み方』『原稿用紙10枚を書く力』『人を10分ひきつける話す力』（以上、だいわ文庫）などがある。

だいわ文庫

アイディアを10倍《ばい》生《う》む考《かんが》える力《ちから》

著者　齋藤《さいとう》 孝《たかし》

二〇〇九年二月一五日第一刷発行

発行者　南 暁
発行所　大和《だいわ》書房
東京都文京区関口一-三三-四 〒一一二-〇〇一四
電話 〇三-三二〇三-四五一一
振替 〇〇一六〇-九-六四二二七

ブックデザイン　鈴木成一デザイン室
装画＋本文イラスト　大塚砂織
編集協力　荒井敏由紀
本文印刷　信毎書籍印刷
カバー印刷　山一印刷
製本　小泉製本

ISBN978-4-479-30221-6
乱丁本・落丁本はお取り替えいたします。
http://www.daiwashobo.co.jp

だいわ文庫の好評既刊

*有森隆
グループK
秘史「乗っ取り屋」
暗黒の経済戦争
"昭和の政商"小佐野賢治、"戦後最大の黒幕"児玉誉士夫、世界のメディア王と組んで買収を図った孫正義……。怪物たちが続々登場！
800円
10-1 H

*有森隆
グループK
日本の闇権力 人脈金脈の構図
黒い相関図付き
社会を震撼させた事件の裏では、決して表に出てこない闇のネットワークが蠢いている。欲望の相関図から、闇の権力をあぶり出す！
780円
10-2 H

*有森隆
グループK
企業舎弟の掟
「巨悪」欲望の暗闘史 一巻
稲川会会長・石井進と山口組若頭・宅見勝。佐藤茂と伊藤寿永光。末野謙一らナニワの借金王。企業を蹂躙するウラ社会の怪物たち！
840円
10-3 H

*有森隆
グループK
起業家の銭地獄
「巨悪」欲望の暗闘史 二巻
EIEの高橋治則、誠備の加藤暠、アスキーの西和彦、光通信の重田康光……。時代の寵児だった起業家が見た天国と地獄とは――。
840円
10-4 H

*有森隆
グループK
株マフィアの闇
「巨悪」欲望の暗闘史 三巻
巨富を築くか丸裸になるか。投機界の魔王・雨宮敬次郎から最後の相場師・是川銀蔵まで、株に取り憑かれた勝負師たちの栄光と破滅！
840円
10-5 H

斎藤茂太
グズをなおせば人生はうまくいく
ついつい"先のばし"する損な人たち
「心の名医」モタさんが、グズで災いや損を招かないための脱却法を伝授！ これで人間関係も好転、時間不足も解消、気分も爽快！
580円
11-1 B

*印は書き下ろし、オリジナル、新編集

定価は税込み（5%）です。定価は変更することがあります。

だいわ文庫の好評既刊

*角川いつか
成功する男はみな、非情である。
政財界やマスコミに多くの人脈をもつ著者が目撃してきた知られざる「大物」の論理と行動。ホンモノの男はここまで冷徹になれる！
680円
86-1 D

*角川いつか
成功する男はみな、自分の心に嘘がつける。
成功する人間には、共通する論理と行動がある。強くなれる奴にはストイックな美学がある。生ぬるい常識を一蹴する真の成功法則！
680円
86-2 D

*佐川芳枝
寿司屋のかみさんと総理大臣 内緒の話
総理大臣が町の寿司屋の常連に！ 極上つまみ、職人芸の握り、ほっぺた落ちる旬のネタ、江戸前寿司と人情のおいしい話がたっぷり！
680円
87-1 D

*徳川宗英
徳川300年 ホントの内幕話
天璋院篤姫と和宮のヒミツ
田安徳川家十一代当主が明かす、徳川三百年真の舞台裏！ 時は幕末、江戸無血開城に導いた二人の女性の波乱に満ちた人生に迫る！
680円
88-1 H

*徳川宗英
徳川将軍家秘伝 大老vs上さまvs大奥の舞台裏
田安徳川家十一代当主が明かす、江戸城を揺るがす「三強対決」の真相！ 決着はいかにつけられたか!? 最高権力者の内面に迫る！
650円
88-2 H

*宮城賢秀
吉宗の隠密 先《さき》手《て》刺《せっ》客《かく》
吉宗を八代将軍にすべく隠密として暗躍する正木慎九郎。王政復古を望む公卿から放たれた刺客との死闘が始まる。シリーズ第一弾！
680円
89-1 I

*印は書き下ろし、オリジナル、新編集

定価は税込み（5%）です。定価は変更することがあります。